Jesus und Lao-Tse

Jesus und Lao-Tse

Eine Botschaft zwei Stimmen

Parallele Aussagen der zwei großen Weisheitslehrer der Menschheit

Mit einer Einführung von David Steindl-Rast

Herausgegeben von Martin Aronson

Kösel

Übersetzung: Jörg Wichmann, Rösrath

Zitate aus dem Neuen Testament:
Das Neue Testament. Übersetzt von Fridolin Stier. © 1989 by Kösel-Verlag, München und Patmos Verlag, Düsseldorf

Zitate aus dem Tao-Te-Ching:
Lao-Tse, Tao-te-King. Übersetzt und herausgegeben von Ernst Schwarz.
© 1995 by Kösel-Verlag, München

Die Originalausgabe:
Jesus and Lao Tzu. The Parallel Sayings. Ed. by Martin Aronson. © 2000 by Ulysses Press, Berkeley/USA
Die deutsche Ausgabe:
© 2002 by Kösel-Verlag GmbH & Co, München
Printed in Germany. Alle Rechte vorbehalten
Druck und Bindung: Kösel, Kempten
Umschlag: Elisabeth Petersen, München
Umschlagmotiv: photonica Hamburg. Fotograf: Minoru Toi
ISBN 3-466-36596-1

Gedruckt auf umweltfreundlich hergestelltem Werkdruckpapier (säurefrei und chlorfrei gebleicht)

Inhalt

Einführung

Bruder David Steindl-Rast OSB

Die schneebedeckten Gipfel am Sankt-Gotthard-Pass in der Schweiz sind das Quellgebiet sowohl des Rheins als auch der Rhône. Hoch oben in den Schweizer Alpen entspringen hier die beiden Zwillingsflüsse im Abstand von weniger als 30 Kilometern. Der eine fließt nach Norden, der andere nach Süden, bis letztlich ganz Europa zwischen ihren Mündungen liegt. Könnte jemals ein französisches Kind, das an der Rhône-Mündung im Mittelmeer planscht, oder ein holländisches Kind, das nahe der Rhein-Mündung in der Nordsee watet, diese ursprüngliche Verbindung beider Flüsse ermessen? Tausende von Kilometern voneinander entfernt berühren diese Kinder das gleiche Wasser, ein Wasser, welches von Berggipfeln herabgeflossen ist, die sie niemals gesehen haben.

Die beiden Flüsse, aus welchen dieses Buch die parallelen Aussagen gefischt hat, fließen keineswegs parallel: Die taoistische und die christliche Tradition laufen nicht parallel zueinander, sondern entfernen sich viel weiter voneinander als Rhein und Rhône. Und die verschiedenen Landschaften, durch die sie fließen, haben weniger miteinander gemeinsam als Genf und Konstanz, als Lyon und Straßburg, als Avignon und Köln. Die unterschiedlichen kulturellen und sprachlichen Landschaften an den Ufern beider Traditionen spiegeln sich in ihrem Wasser und lassen beide an der Oberfläche völlig unähnlich erscheinen. Diese wichtigen und dennoch oberflächlichen Unterschiede machen jedoch die tiefen Ähnlichkeiten zwischen beiden umso verblüffender. Die taoistischen und christlichen Gewässer fließen von den gleichen Bergen herab und haben ihren Ursprung in dem gleichen ewigen Schnee.

Wie sollen wir jene verborgene Quelle nennen, deren Geschmack wir in den in diesem Buch versammelten Aussprüchen kennen lernen? Vielleicht können wir sie als »gesunden Menschenverstand« bezeichnen. Leider ist dieser Ausdruck jedoch stark missbraucht worden. Für die meisten Menschen bedeutet er daher nichts weiter als Vernünftigkeit, gedankliche Einförmigkeit oder Sinn für das Praktische. Dieser »gesunde Menschenverstand« sollte jedoch seine volle Bedeutung wiedererhalten. Denn er verweist auf die mystische Quelle jener geistigen Lebendigkeit, die allen Menschen gemein ist und die allein einen uns allen gemeinsamen Sinn erkennen lässt.* Für genau diese Begrifflichkeit brauchen wir einen Ausdruck unserer zeitgenössischen Sprache. Wenn wir einen Namen für etwas haben, können wir besser schätzen, was dieser Name ausdrückt. Und diese Wertschätzung wird uns dann wiederum helfen, gemäß jenes gesunden Menschenverstandes zu leben.

Schon einmal wurde ein Alltagsbegriff, der nicht mehr als einen Kieselstein wert war, aufgelesen, poliert und in die Fassung eines Juwels gesetzt. Solches tat Heraklit mit dem Wort *Logos*, welches vor ihm nichts weiter bedeutete als »Gedanke« oder »Wort«. Auch Lao-Tses

* Anmerkung des Übersetzers: Im Englischen bedeutet »gesunder Menschenverstand« (common sense) so viel wie »Gemeinsinn«.

Begriff *Tao* bedeutete einst nicht mehr als »Straße« oder »Weg«*, bis er ihn für die gleiche geheimnisvolle Quelle einsetzte, die auch durch »Logos« bezeichnet werden sollte. *Logos* und *Tao* sind keine Wörter aus unserer lebendigen Sprache. Wenn wir jedoch wissen, was mit ihnen gemeint sein soll, dann finden wir es vor unserer Haustür, in der tiefsten Bedeutung unseres eigenen Begriffes vom »gesunden Menschenverstand« wieder.

»Nichts ist weniger gewöhnlich als der gewöhnliche Menschenverstand«, schrieb Anfang des zwanzigsten Jahrhunderts der englische Autor G.K. Chesterton. Damit hatte er zum Teil Recht: Nicht dass uns allen der gewöhnliche Menschenverstand fehlt, doch wir leben gewöhnlich nicht danach. Deshalb hat unser Leben oft keinen Sinn. Und genau darauf wollen uns sowohl *Lao-Tse* als auch *Jesus* hinweisen. Keiner von ihnen verkündet mit großem Fanfarenklang Wahrheiten, die noch niemand von uns gehört hätte. Im Gegenteil:

---

* Vergleichen Sie bitte dazu auch die *Bemerkungen zur Übersetzung* auf S.255.

»Wer von euch weiß dies nicht?«, so fragen sie uns herausfordernd. Und wenn wir dann zugeben: »Wir wissen es wohl alle«, dann fragen sie lachend: »Warum lebt ihr denn dann nicht danach?« Wir sind ihnen also in die Falle gegangen. Es war ein Witz, wenn auch ein sehr ernster; und sie laden uns dazu ein, herzlich über uns selbst zu lachen.

Die Gleichnisse Jesu, die typische Form seiner Lehre, sind derartige Witze. Der Witz geht auf unsere Kosten – und dies umso mehr, je weniger wir uns dessen bewusst sind. »Wer von euch weiß dies nicht bereits?«, fragt Jesus immer wieder. Wer von euch weiß zum Beispiel nicht, wer euer Nächster ist, wenn ihr in Schwierigkeiten seid? Natürlich sollte sich jeder wie mein Nächster verhalten, wenn ich Hilfe brauche. Warum denken wir also nicht daran, wenn die anderen in Schwierigkeiten sind und wir vorbeikommen. Oder: Wer von euch wird das Verzeihen verweigern, wenn euer verirrtes Kind in Lumpen nach Hause kommt? Ja, denkt ihr denn, dass Gott es tun wird? Oder: Wer von euch wird den Weizen zusammen mit den Unkräutern ausreißen? –

Um Himmels willen, benutzt doch euren gesunden Menschenverstand!

Lao-Tse verwendet den gesunden Menschenverstand, wenn er beobachtet, dass das Wasser, das Leben spendende Element, immer zur niedrigsten Ebene herabfließt, oder dass nicht einmal der stärkste Fels der Macht des weichen Wassers widerstehen kann. Darin steckt auch die Hoffnung, dass der gesunde Menschenverstand sich als stark genug erweisen wird, um als Unterströmung unsere felsenfest etablierte Wirklichkeit zu unterhöhlen. Eines Tages wird all unsere Aufgeblasenheit in einem lauten Gelächter zusammenstürzen; wie in jenem Augenblick, als das Kind beim Umzug rief: »Aber der Kaiser trägt doch gar keine Kleider!«

Die Namen von Rhein und Rhône unterscheiden sich nur gering, und die Grundbedeutung ihrer Namen ist die gleiche, nämlich »das Fließen«. Im Tao zu bleiben, im Logos, im gewöhnlichen Menschenverstand, bedeutet im Fluss zu bleiben. Auch das haben Rhein und Rhône gemeinsam: Bevor sie die Alpen verlassen, das Gebiet ihres gemeinsamen Ursprungs, hält jeder von ihnen inne und sammelt seine Wasser in einem wunderbaren See – die Rhône im Genfer See und der Rhein im Bodensee. Die Evangelien und das Tao-Te-Ching ähneln diesen beiden Seen. Unsere beiden Traditionen finden in ihnen die Gewässer des Ursprungs noch einmal wunderbar versammelt, bevor sie in die Weltgeschichte hinausfließen. Der Anblick dieser Seen blendet so sehr, dass wir versucht sind, uns im bloßen Schauen zu verlieren; damit würden wir aber das Wesentliche verpassen. Wie still die Seen auch erscheinen mögen, ihre Wasser fließen doch weiter. Es kommt darauf an, in dieses Fließen zu kommen. Auch das ist eine Botschaft des Buches, das Sie in Ihren Händen halten.

Martin Aronson, der die parallelen Aussagen von Lao-Tse und Jesus zusammengestellt hat, erzählt uns, wie die »organische Einheit von beiden in seine Seele gesickert ist«, während er über diesen Texten brütete. In diesem Durchsickern erkennen wir das Grundwasser des gesunden Menschenverstandes. Wir finden sein Destillat in der Ewigen Weisheit; wir stellen aber auch fest, dass es aus den Tiefen unserer eigenen Seele aufsteigt. »Wenn wir tief in das Gewebe der Wirklichkeit schauen«, so erinnert Aronson uns, »dann erblicken wir die Einheit in der Vielfalt.« In solchen Augenblicken entdecken wir den Sinn und die Bedeutung des Lebens, nicht als etwas, das dem Gewebe der Wirklichkeit hinzugefügt wird, sondern als unser Gefühl der Zugehörigkeit zu ihr. Gesunder Menschenverstand entspricht unserer Bewusstheit, unlöslich mit dem Gewebe der Wirklichkeit verwoben zu sein. Das jedoch klingt zu trocken für ein Gewebe, das aus feuchten Wurzeln und betauten Ranken gewoben ist. Feuchtes (humidity) finden wir in der Tiefe. Es ist die Substanz von Demut (humility), Humor und Menschlichkeit (humanness) – der Lao-Tses, der Jesu und unserer eigenen. Wie Gewässer steigt sie auf, sammelt sich und fließt.

Im *Tao*, im *Logos*, im *gesunden Menschenverstand* fließt unsere einzige Hoffnung. Nichts enthält eine größere Verheißung für die Zukunft, weil nichts subversiver ist. Der gewöhnliche Menschenverstand ist eigentlich subversiv, weil er früher oder später alles einstürzen lässt, was sich gegen unsere gemeinsame Menschlichkeit, unsere kosmische Gemeinschaft und all das wendet, was so weithin akzeptiert ist, obwohl es keinen Sinn hat. Wie der stete Tropfen, der den Stein höhlt, unterspült der subversive gesunde Menschenverstand auf gewaltfreie Weise alle Mauern der Trennung und lässt sie einstürzen. Vor allem aber bewässert er, lässt wachsen und erneuert. Wir müssen aus dieser Quelle erneuert werden. Für jene, die Ohren haben zu hören, verkündet dieses Buch auf jeder Seite in seinen zwei Stimmen die gleiche Botschaft: Trinke von diesem lebendigen Wasser, tauche hinein, fließe mit ihm, werde lebendig, lebe!

Vorwort des Herausgebers

Martin Aronson

Unterschiedliche Lebensläufe, parallele Aussagen

Man kann sich für zwei große religiöse Gestalten wie *Lao-Tse* und *Jesus*, die zwei der großen spirituellen Überlieferungen der Welt begründet haben, kaum unterschiedlichere Leben vorstellen. Obwohl unsere Kenntnisse von beiden zumindest begrenzt sind, verweist jedoch alles, was wir von ihnen wissen, auf diese zwei verblüffend unterschiedlichen Lebenswege.

Wie fast jeder auf diesem Planeten weiß, wurde Jesus vor ungefähr 2000 Jahren in der Zeit des Römischen Reiches in Palästina geboren, begann seine Sendung im Alter von etwa 30 Jahren und predigte drei Jahre lang seine Botschaft der Liebe und sozialen Gerechtigkeit, bis er schließlich durch die qualvolle römische Strafe der Kreuzigung hingerichtet wurde.

Lao-Tse lebte, gemäß der kargen Aussagen der Lebenslegende, außer der wir über ihn nichts wissen, ein einfaches und stilles Leben als kaiserlicher Archivar in seinem westchinesischen Geburtsstaat K´uhsien – ungefähr fünf Jahrhunderte, bevor Jesus geboren wurde. Die Legende behauptet, er sei ein älterer Zeitgenosse des Konfuzius gewesen, welcher angeblich einen Bericht über ein Treffen mit Lao-Tse hinterlassen habe, in dem er die geheimnisvolle Gegenwart des Lao-Tse mit der eines Drachen verglich.

Zutiefst enttäuscht von den Kämpfen und der Künstlichkeit der Zivilisation zog Lao-Tse sich offenbar in der Mitte oder gegen Ende seines Lebens aus dieser Position und von der Gesellschaft zurück und bestieg einen Wasserbüffel, um nach Westen Richtung Tibet zu reiten, wo er in Einsamkeit weiterleben wollte. Am Hankao-Pass versuchte ihm ein Grenzwächter auszureden, im hohen Alter noch Eremit zu werden, und bat ihn zurückzukehren. Lao-Tse weigerte sich aber. Der Wächter bat ihn dann, wenigstens seine Gedanken niederzuschreiben, bevor er die Zivilisation verließe; und das sagte Lao-Tse zu. Gemäß der Legende kehrte Lao-Tse nach drei Tagen mit einem kleinen Buchjuwel zurück, seinem Tao-Te-Ching, »Der Weg und seine Kraft«. Er ritt dann durch das Tor und nie hörte man wieder von ihm.

Lebensläufe also voll tiefster Kontraste! Jesus war ein leidenschaftlicher Prophet und engagierter Sozialreformer, der einen heldenhaften Versuch wagte, die Gesellschaft, vielleicht sogar die ganze Menschheit zu wandeln, und der für diese Bemühungen jung und qualvoll sein Leben ließ. Lao-Tse predigte niemandem, nicht einmal dem Grenzwächter, sammelte zu Lebzeiten keine Anhänger, gründete keine Kirche, lebte sein ganzes langes Leben von über 80 Jahren still und unauffällig und kehrte der Gesellschaft schließlich den Rücken, um ein Leben des Friedens und der Kontemplation nahe der Natur zu führen und sein Leben so zu beschließen.

Doch selbst im krassen Kontrast der Grundzüge dieser Leben finden wir einige Parallelen, wenn wir nur genau genug hinschauen, seien es auch wenige. Zum einen gibt es Gelehrte, die bei beiden bezweifeln, dass sie je existiert haben. Vielmehr seien sie legendäre oder mythologische Gestalten, deren Worte spätere Zusammenstellungen vieler Autoren und Herausgeber seien. Diese Meinung wird von den meisten Gelehrten jedoch nicht akzeptiert; sie halten daran fest, dass die Worte und Botschaften zumindest zum größten Teil den Zusammenhang und den Klang einzelner, außerordentlicher Gestalten belegen. Ein weiterer Punkt ist, dass sich in den in Folge entstehenden religiösen Überlieferungen um beide Gestalten umfangreiche Mythologien bildeten: Im Falle Jesu die Lehre von seiner Prä-Existenz, seiner Jungfrauengeburt und die von der Dreifaltigkeit; bei Lao-Tse die erstaunlichen Geschichten, dass er von einer Sternschnuppe empfangen worden sei und seine Mutter ihn 82 Jahre lang ausgetragen habe, bis er dann als weiser alter Mann mit grauen Haaren geboren wurde. Zumindest weisen diese Mythologien auf die Kraft hin, die die beiden Weisen auf ihre Nachfolger ausstrahlten, die Einzigartigkeit ihres Charakters und die Tiefe ihrer Lehre.

Auf realistischerer Ebene können wir feststellen, dass beide eine große Vorliebe für die Anonymität und Einfachheit zeigten und dass sich beide Weise weitgehend unbehelligt von der prosaischen Gesellschaftswelt und all ihren Sorgen und Verantwortlichkeiten gaben. Im weitesten Sinne und im Geiste der Paradoxie, den beide so gern anwendeten, können wir sagen, dass Jesus und Lao-Tse einfache und bescheidene Männer mit großer Ausstrahlung und tiefem Zugang zum Mysterium waren.

Da nun ihre Lebenserfahrungen so unterschiedlich scheinen, bleibt uns die Frage, wie ihre Botschaften so ähnlich sein konnten. Jesus wuchs im relativen, wenn auch ruhelosen Frieden der Pax Romana auf, während Lao-Tse in der Zerfallszeit der »Streitenden Reiche« lebte, in welcher China fast ständig durch Krieg und soziales Chaos zerrissen wurde. Beide lehnten Gewaltanwendung ab. Entgegengesetzte Erfahrungen – gleiche Schlussfolgerungen.

Der Schlüssel dazu liegt, wie ich glaube, darin, dass sie trotz unterschiedlicher Lebensgeschichten und getrennter kultureller Überlieferungen entschiedene Wahrheitssucher waren, Visionäre, Mystiker und Sozialkritiker, deren tiefes Verständnis der Menschen, der Gesellschaft und der Wirklichkeit sie zu universellen Wahrheiten über das Menschsein in der Welt führten. So wie es schon von allen großen Weltreligionen gesagt worden ist: viele Wege, eine Wahrheit!

Die Aussagen

Zu bestimmten Zeiten beginnt die Welt einen Sinn zu ergeben. Widersprüche verschmelzen zu bedeutungsvollen Paradoxien, Intuitionen werden erhärtet, Einsichten verbinden sich. Das ist der Fall bei dieser Sammlung paralleler Aussagen aus taoistischen und christlichen Quellen, die fast alle aus dem Munde der Begründer der Traditionen selbst stammen, nämlich von Lao-Tse und Jesus. (Einige Aussagen stammen aus dem Alten Testament, auf welches Jesus sich ausführlich bezog, und ein paar aus den Schriften des Paulus.)

Die Lehren von Jesus und Lao-Tse zeigen eine bemerkenswerte Verwandtschaft, obwohl sie durch Jahrhunderte getrennt sind und völlig anderen kulturellen Überlieferungen angehören. Ihre Auffassungen bilden Echos zueinander, ihre Resonanz klingt durch die Zeitalter. Manchmal verwenden sie sogar auffallend ähnliche Bilder. Manchmal stehen ihre Worte wie tiefsinnige Kommentare zueinander, als eine Art »Tao des Jesus« oder »Evangelium nach Lao-Tse«. Wie kann das sein?

Wenn wir tief in das Gewebe der Wirklichkeit zu schauen und das Mysterium des Lebendigseins zu verstehen beginnen, dann lösen sich die Verwirrungen der menschlichen Erfahrung auf. Kulturelle Schranken fallen, und man kann eine widerhallende Gegenwärtigkeit hinter dem Chaos des Daseins spüren. Wichtiges tritt mühelos in den Vordergrund, und Unbedeutendes erweist sich als solches und verschwindet. Wahrheiten werden ganz statt geteilt, und wir fühlen uns mit ihnen verbunden. Unser Blick richtet sich dann mehr auf das Einende als auf das Trennende, und wir erblicken die Einheit in der Vielfalt.

Obwohl sie aus sehr unterschiedlichen Kulturen und Geistestraditionen stammen, korrespondieren die Worte Jesu und Lao-Tses in einer Reihe von Themen. Beide Weisen hatten die Vision einer unbenennbaren, letzten Quelle, die in den tiefsten Tiefen des Individuums wohnt und auch den Himmel regiert. Und diese Vision inspirierte sie zur Auffassung dessen, wie die Menschen ihr Leben führen sollten. Beide stellten die Kerntugenden der Bescheidenheit, Sanftheit und Wahrhaftigkeit heraus und verdammten Materialismus, Reichtum, Ungerechtigkeit, soziale Privilegien, Heuchelei und Gewalt.

Das soll nicht bedeuten, dass es zwischen den beiden Traditionen und den sie begründenden Weisheitslehrern keine bedeutenden Unterschiede gäbe. So meint die taoistische Vorstellung des Absoluten – das Tao – eine unpersönliche Kraft, welche das Universum beseelt. Während Gott in der christlichen Tradition für gewöhnlich in einem viel personaleren Licht gesehen wird.

Wenn wir diesen Unterschied näher betrachten, finden wir jedoch hauptsächlich einen Unterschied in der Betonung. Der Taoismus ist sehr tief in der natürlichen Welt verwurzelt und nimmt das Wirken der Natur als Leitmotiv und Vorbild; während das Christentum hier eine viel ambivalentere Haltung zeigt und manchmal die Schönheit der natürlichen Welt preist, ihr an anderen Stellen aber misstraut und ausgesprochen weltabgewandte Züge an den Tag legt. Auf ähnliche Weise nimmt der Taoismus eine grundlegend positive Sicht gegenüber dem menschlichen Wesen ein, zumindest in seinem unverfälschten Zustand. Während das Christentum eher dazu neigt, die Welt und das menschliche Wesen als Folge eines Vertrauensbruchs (d.h. die Bestrafung für den Sündenfall) begreifen, welcher durch das Eingreifen Christi bereinigt wird. Obwohl wir als Ebenbild Gottes geschaffen sind, müssen wir nach Erlösung unseres gefallenen Zustands und von der Bürde der Erbsünde rufen.

Außerdem legt das Christentum mehr Wert auf die Unsterblichkeit und die kommende Welt, wogegen der Taoismus, wenigstens in seiner philosophischen Spielart, den Blick ganz auf diese Welt konzentriert. Aber auch dies ist eigentlich nur eine Frage der Akzentuierung, wenn man sich vor Augen hält, dass der Taoismus eine reiche Überlieferung zur Suche nach Unsterblichkeit in dieser und in der jenseitigen Welt hinterlassen hat. Ja, das taoistische Pantheon der Unsterblichen und der Geistwesen erinnert durchaus an das christliche Gefolge der Heiligen und der Engel.

Abgesehen von solchen Unterschieden gibt es jedoch faszinierende Entsprechungen zwischen den beiden Geistestraditionen. Eine davon betrifft ein dreifaltiges Modell der Gottheit. Die Dreifaltigkeit bildet natürlich das Herz des christlichen Mysteriums. Doch ist der Gedanke der Dreifaltigkeit auch im Taoismus sehr wichtig. In der taoistischen Volksüberlieferung entstand eine Dreiheit von Gottheiten, den drei reinen Wesenheiten: Die erste ist *Ling Pao* (das wunderbare empfängliche Juwel des Himmels), die Verkörperung von Ying und

Yang, dem männlichen und weiblichen Prinzip im Gleichgewicht des Universums; die zweite ist *Yu Luang* (der Jade-Herrscher), die Verkörperung der Kräfte, die das Universum in Bewegung versetzen; und die dritte ist *Lao-Tse*, der Autor des Tao-Te-Ching, die Verkörperung der taoistischen Lehre. Zusammen stehen die drei für die Grundeinteilung der Wirklichkeit, so wie wir die zeitliche Wirklichkeit in Vergangenheit, Gegenwart und Zukunft einteilen oder die räumliche Wirklichkeit in oben, unten und hier in der Mitte.

Die grundlegende taoistische »Dreifaltigkeit« ist jedoch das *Tao des Himmels*, das *Tao der Erde* und das *Tao des Menschen.* Das Tao dès Himmels ist eindeutig das metaphysische Tao, das kosmische Absolute, welches weder benannt noch begriffen werden kann, sondern nur intuiert wird. Im 25. Kapitel des Tao-Te-Ching heißt es:

Ein Etwas gibt es, aus dem Chaos geworden
früher als Himmel und Erde entstanden
ein einsam-stilles, endlos-weites
in sich allein, unwandelbar
kreisend, nie sich erschöpfend
des Alls Urmutter könnte man es nennen.

Und Kapitel 14 beschreibt das metaphysische Tao folgendermaßen:

Das Auge sieht es nicht – ihr nennt es unsichtbar
das Ohr hört es nicht – ihr nennt es unhörbar
die Hand fasst es nicht – ihr nennt es unfassbar
dreifach trotzt es dem Verstand
denn es ist eines, in sich selbst verwoben …

So nenn ich es gestaltlose Gestalt
Ding der Nichtdinglichkeit.

Dies ist eindeutig ein Versuch, das Unbeschreibliche zu beschreiben, die letzte Quelle des Universums. Trotz der besonderen chinesischen Ausdrucksweise entspricht das metaphysische Tao klar Gottvater in der christlichen Überlieferung – der fernen Quelle der Schöpfung.

Das *Tao der Erde* stellt das in der Welt manifestierte Tao dar (manchmal als Te bezeichnet, »Tugend«, »Charakter« oder »Kraft«), den Weg des Universums und seines Wirkens in der Natur. Die Umläufe der Planeten, die Zyklen der Jahreszeiten, das Zusammenwirken von Wachstum und Zerfall usw., sie alle stellen den fassbaren Aspekt des Tao dar. Doch wenn auch die Materie von Tao durchzogen ist, bleibt das ordnende Leitprinzip aller Natur der Geist. Auf dieser Ebene kann man sich das Tao als die physikalischen Gesetze vorstellen oder mit einem humanistischeren Begriff, das Naturgesetz. Es ist unpersönlich, letztlich aber wohlwollend, erhellt und wandelt alle Lebewesen.

Der dritte Aspekt der taoistischen Hierarchie ist das *Tao des Menschen* oder die Art und Weise, wie die Gesellschaftsordnung der Menschheit organisiert werden sollte. Darin finden wir die Anwendung des taoistischen Weges auf die menschliche Gesellschaft, die im Einklang mit dem Wege der Natur sein und ihm nicht entgegenstehen soll. Das Tao-Te-Ching und die Schriften von Lao-Tses größtem Schüler, *Chu-*

ang Tse, geben unzählige Beispiele dafür, wie die menschliche Gesellschaft fehlgeht, da sie die Verbindung mit dem Tao verloren hat, und wie das ursprüngliche Gleichgewicht wiederherzustellen sei und so aller Korruption und allem Mangel ein Ende gesetzt würde. In dieser Hinsicht erinnern uns viele Lehren Lao-Tses an die Jesu, klingen sprachlich oft sogar fast identisch, wenn sie die Struktur und Praxis einer ungerechten Gesellschaft und Wirtschaft anklagen, die ihre alten geistigen Ideale verspotten.

Das Tao des Menschen bei Lao-Tse entspricht dem Aspekt des Sohnes in der christlichen Dreifaltigkeit, der Inkarnation des kosmischen Geistes im menschlichen Leben. Jesus und Lao-Tse waren vor allem Lehrer, erleuchtete Weise, die ihre Vision der Menschheit weitergeben wollten. Wie die Gleichnisse Jesu besteht ein großer Teil des Tao-Te-Ching aus spirituellen Anweisungen, die den Menschen zeigen wollen, wie sie im Einklang mit dem Willen der letzten Wirklichkeit leben und handeln können. Geschähe dies, so würde die Gesellschaft reformiert und gewandelt werden.

Wenn auch die Quelle ihrer Lehren häufig aus ferner Mystik stammte, so war das konkrete Thema doch oft mitten aus dem Leben genommen. Sowohl Lao-Tse als auch Jesus waren Kommentatoren ihrer Gesellschaft. Jesus wirkt sozial engagierter und streitbarer als der zurückgezogene Lao-Tse, doch kritisierten sie Ähnliches. Als Erbe der prophetischen Tradition Israels reagierte Jesus oft emotionaler als der mild gestimmte Lao-Tse; doch gaben sie beide viele politische und soziale Ratschläge, kompromisslos in ihrer spirituellen Ausrichtung. Zwar provozierte Jesus durch seine Suche nach sozialer Gerechtigkeit (die ihn schließlich das Leben kostete) die Autoritäten, verkündete aber, dass sein Reich nicht von dieser Welt sei, und lehnte eine rein politische Umsetzung seiner Sendung ab.

Trotz seiner Leidenschaft für die soziale Gerechtigkeit und trotz all der Turbulenzen, die sie hervorrief, zeigte Jesus doch oft auch eine tiefe Empfindsamkeit für das Leben, die hier wiederum beim sanften Lao-Tse vorherrscht. Hätte Jesus bis zu einem reifen hohen Alter leben können, so mochte er mild geworden sein wie der Weise, den wir Lao-Tse nennen, »den alt gewordenen Jungen«. Vielleicht wäre dann die leichtere Seite des Wesens Jesu, derjenige Teil, der sich in der Welt wohlfühlte und an der Schönheit der Natur und der Unschuld und Einfachheit der Kinder Freude hatte, mit den Jahren zur Fülle gereift.

Meine persönliche Erforschung der christlichen und taoistischen Überlieferungen hat mich im Laufe der Jahre zu einem Verständnis der Verbindungen zwischen beiden geführt, und dies trotz der tiefen Unterschiede in Lehre und Kultur. Ihrer beider Essenz kann man im Fundament dessen sehen, was Aldous Huxley als die Ewige Weisheit bezeichnet hat.

Ich begegnete sowohl dem Christentum als auch dem Taoismus mit dem unbefangenen Blick des Außenstehenden, als ich außerhalb der jüdischen Tradition, in der ich aufgewachsen bin, nach Wissen und Weisheit suchte. Während dieser Suche und der nährenden Stille vieler Stunden des Studiums spürte ich, wie eine besondere Affinität zwischen den Lehren dieser beiden Traditionen in meinem Geist und meinem Herzen Wurzeln schlug. Während ich über den Evangelien brütete und unzählige Male das Tao-Te-Ching las, sickerte eine organische Einheit zwischen beiden in meine Seele. Und diese vertiefte sich, als ich spirituelle Praktiken aus beiden Traditionen übernahm: Taoistische Meditation, Tai Chi und Shiatsu-Massage verband ich mit meinen taoistischen Forschungen und mit christlichen Praktiken des täglichen Gebetes, des Studiums und des Gesanges. Ich entdeckte die Lehren beider Weisen als tief greifende Gegenmittel zu den Exzessen und Anfechtungen unserer Kultur und der modernen Industriegesellschaft im Allgemeinen.

Aus dieser Verbindung ist das vorliegende Buch hervorgegangen, als ich vor einigen Jahren begann, eine Anzahl komplementärer Aussagen Jesu und Lao-Tses zusammenzustellen; sie zeigte ich dann einem taoistischen Priester. Er war fasziniert von der und begeistert über die Vergleichbarkeit der taoistischen und christlichen Weisheit und drängte mich, Kommentare dazu zu schreiben. Ich zögerte zunächst, weil ich fand, dass die Worte der Weisen einander selbst kommentieren würden, und wollte ihnen nicht meine eigene Interpretation aufzwingen. Dann schrieb ich die Kommentare aber doch, was sich als eine lohnenswerte literarische wie auch spirituelle Übung erwies. Mit der Veröffentlichung dieser Sammlung beabsichtige ich den Lesenden die gleiche Gelegenheit zu bieten, selbst die Verbindung zwischen den Lehren Jesu und Lao-Tses zu fühlen. Als eine bescheidene Hilfe bei diesem Bemühen biete ich meine begleitenden Kommentare (im Anhang dieses Buches) an.

Ich hoffe, dass das Nachdenken über die Worte dieser beiden bemerkenswerten Weisheitslehrer Sie zur Erfahrung der Ganzheit führen wird und vielleicht das ergreifende Gefühl in Ihnen hinterlässt, Zeuge der einen und umfassenden Wahrheit geworden zu sein.

Einfachheit

Sowohl für die Botschaft des Lao-Tse als auch für Jesus ist *Einfachheit* ein wesentliches Thema. Beide Weise haben den gelehrten Eliten ihrer Zeit stark misstraut – den konfuzianischen Mandarinen bzw. den Pharisäern, die jeweils komplexe Institutionen und Bräuche zur Kontrolle der Gesellschaft entworfen hatten.

Lao-Tse und Jesus wandten sich gegen diejenigen, die ihre geistigen Talente zur Ausbeutung und für gesellschaftliche Vorteile benutzten und hoben im Kontrast dazu die Reinheit des Herzens und die Einfachheit der Seele hervor. Jesus verdammte die Gelehrten seiner Zeit als »blinde Führer«; stattdessen nahmen sowohl er als auch Lao-Tse die Unschuld der unverdorbenen Natur eines Kindes als Vorbild. Beide Meister benannten den Lohn eines stillen Lebens der inneren Kontemplation: Zugang zu der unaussprechlichen Quelle zu gewinnen, die bleibende Freude und geistige Nahrung spendet. Beide vertraten sie ein Leben in Frieden und Ganzheit, in welchem die Menschen die einfachen Freuden und Tugenden eines harmonischen Miteinanders genießen können.

Blickt auf die Vögel des Himmels: Sie säen nicht und ernten nicht und heimsen nicht in Speicher – und doch: Euer himmlischer Vater nährt sie.

MATTHÄUS 6, 26

Nichts bleibt ungetan
wo nichts Überflüssiges getan wird.

Tao-Te-Ching 48

Marta, Marta! Du sorgst dich und regst dich über vieles auf; aber man braucht nur eins. Maria hat sich also den guten Teil gewählt, der ihr nicht genommen werden soll.

Lukas 10, 41

Wer seine Sinne verschließt
das Tor nach außen verriegelt
wird unter Bürden nicht ächzen
bis an sein Ende
wer seine Sinne aufschließt
sich hingibt den äußeren Dingen
hoffnungslos lebt er dahin
bis an sein Ende.

Tao-Te-Ching 52

Wenn du aber betest, geh in deine Hinterkammer und verriegle dein Tor; dann bete zu deinem Vater, der im Verborgenen ist. Und dein Vater, der ins Verborgene blickt, wird dir vergelten.

Matthäus 6, 6

Nicht aus dem Hause gehen
doch alles wissen
nicht aus dem Fenster blicken
und doch das Tao des Himmels sehen.

Tao-Te-Ching 47

Wenn ihr euch nicht umwendet und wie die Kinder werdet, kommt ihr nimmermehr in das Königtum der Himmel hinein.

Matthäus 18, 3

So wird man zum Strom der Welt
wird man zum Strom der Welt
der nie das Te verlässt
und rückströmt in die Kindlichkeit.

Tao-Te-Ching 28

Selig die im Herzen Reinen, denn die werden Gott sehen.

Matthäus 5, 8

Zum Schlichten und Echten zurückkehren.

Tao-Te-Ching 19

Weh euch, den Gesetzeslehrern! Den Schlüssel der Erkenntnis habt ihr beseitigt, aber selber seid ihr nicht hineingegangen. Und die hinein wollten, habt ihr gehindert.

LUKAS 11, 52

Wissende sind nicht gelehrt
Gelehrte sind nicht wissend.

Tao-Te-Ching 81

In eben dieser Stunde jubelte er im Heiligen Geist und sprach: Hochpreise ich dich, Vater, Herr des Himmels und der Erde, dass du dieses vor Weisen und Klugen verborgen, Unmündigen aber enthüllt hast.

Lukas 10, 21

Schafft ab die Heiligkeit,
verwerft die Klugheit –
die Menschen werden hundertfach gewinnen
schafft ab die Güte,
verwerft die Rechtschaffenheit –
die Menschen werden wieder
einander lieben.

TAO-TE-CHING 19

Euer Vater weiß, was ihr braucht, eh ihr ihn bittet.

MATTHÄUS 6, 8

Das Tao des Himmels (...) ruft nicht,
und alle eilen von selbst herbei.

Tao-Te-Ching 73

Was heißt du mich gut?
Keiner ist gut, nur einer: Gott.

Markus 10, 18

Alle wissen, dass schön das Schöne
so gibt es das Hässliche
alle wissen, dass gut das Gute
so gibt es das Böse.

Tao-Te-Ching 2

Sucht doch zuerst nach seinem Königtum und dessen Gerechtheit, dann wird euch das alles hinzugelegt werden.

Matthäus 6, 33

Was wahrhaft ganz wird
dem strömt alles zu.

Tao-Te-Ching 22

Seht! Da! Ich sende euch wie Lämmer mitten unter Wölfe. Tragt keinen Geldbeutel, keinen Ranzen, keine Sandalen, und unterwegs sagt keinem den Friedensgruß. Wenn ihr aber in ein Haus kommt, sagt zuerst: Friede diesem Hause!

Lukas 10, 3-5

Nichts in der Welt ist weicher und
schwächer als Wasser
und doch gibt es nichts, das wie Wasser
Starres und Hartes bezwingt
unabänderlich strömt es nach seiner Art
dass Schwaches über Starkes siegt
starres Geschmeidigem unterliegt
wer wüsste das nicht?
doch wer handelt danach!

Tao-Te-Ching 78

Der Sämann zog hinaus, um seinen Samen zu säen. Und beim Säen fiel das eine an den Weg nebenhin. Es wurde zertreten, und die Vögel des Himmels fraßen es weg. Und anderes fiel auf den Fels, wuchs und verdorrte, weil es keine Feuchte hatte. Und anderes fiel mitten in die Disteln, und die Disteln, die mitwuchsen, erstickten es. Und anderes fiel auf die gute Erde, wuchs und brachte Frucht – hundertfältig ... Wer Ohren hat, die hörend sind, höre!

Lukas 8, 5-8

Hört ein Verständiger vom Tao
folgt er ihm unbeirrt
hört ein Mittelmäßiger vom Tao
folgt er ihm schwankend und verliert es
hört ein Unverständiger vom Tao
so lacht er laut auf
was wäre denn das für ein Tao
das Unverständige nicht verlachen!

Tao-Te-Ching 41

Bittet – so wird euch gegeben.
Sucht – so werdet ihr finden.
Klopft – so wird euch geöffnet.

Lukas 11, 9

Unsterblich ist der tiefe Geist des Tals
der dunkle Mutterschoß sei er benannt
und dieses dunklen Mutterschoßes Worte –
genannt wird sie die Wurzel des Alls
sich hinschlingend durch alles, allgegenwärtig
wirkt sie und wirkt doch mühelos.

TAO-TE-CHING 6

Selig die aus dem Geiste Armen,
denn ihrer ist das Königtum der Himmel.
Selig die Trauernden,
denn die werden ermutigt werden.
Selig die Sanften,
denn die werden das Land erben.
Selig die nach der Gerechtheit Hungernden und Durstenden,
denn die werden satt gemacht.
Selig die sich Erbarmenden,
denn die werden Erbarmen finden.
Selig die im Herzen Reinen,
denn die werden Gott sehen.
Selig die Friedenstifter,
denn die werden Söhne Gottes heißen.

MATTHÄUS 5, 3-9

Verkrüppeltes wird ganz
Krummes wird gerade
Leeres wird voll
Altes wird neu
wenig wird viel
vieles macht wirr.

Tao-Te-Ching 22

Jedoch: Weh euch, ihr Reichen,
denn weg habt ihr eure Ermutigung.
Weh euch, die ihr jetzt voll gestopft seid,
denn ihr werdet hungern.
Weh euch, die ihr jetzt lacht,
denn ihr werdet trauern und klagen.

Lukas 6, 24-25

Was man verengen will
muss man erweitern
was man schwächen will
muss man stärken
was man stürzen will
muss man erheben
wo man nehmen will
muss man geben.

TAO-TE-CHING 36

Wer von euch aber kann, sich noch so sorgend, seinem Wuchs eine Elle zulegen?

Lukas 12, 25

Das Tao des Himmels streitet nicht und
siegt immer.

Tao-Te-Ching 73

Materialismus

Lao-Tse und Jesus wandten sich unermüdlich gegen die Gier nach Reichtum und die Besessenheit von materiellen Dingen. Deutlich sahen sie die negative, hemmende Wirkung des Materialismus auf das menschliche Leben und bezichtigten ihn als eine Art Krankheit.

Schon per definitionem seien materialistische Sorgen eine geistige Gefahr, weil sie die Vertiefung und Reifung behindern, die zur Pflege eines inneren Lebens notwendig sind. Mehr als alles andere war der Reichtum für Lao-Tse eine Bürde – eine Quelle der Angst und der Zeit raubenden Ablenkung von viel wichtigeren Dingen. »Der Saal mit Gold und Jade voll gestopft / ist nicht vor Räubern zu bewahren,« erklärt er schlicht. Auch Jesus sah im Reichtum eine gefährliche Ablenkung: »Was wird es einem Menschen nützen, die ganze Welt zu gewinnen, sich selbst aber zu Grunde zu richten oder einzubüßen?«, fragt er überspitzt. Beide durchschauten materiellen Reichtum als eine Illusion und verdammten ihn wortgewaltig. Beide wussten aber auch, worin der wahre Schatz besteht – der Schatz eines guten Herzens.

Sorgt euch nicht um das Leben, was ihr essen, noch um den Leib, womit ihr euch kleiden sollt. Denn das Leben ist mehr als die Zehr, und der Leib mehr als das Kleid.

Lukas 12, 22

Der Weise speichert nicht für sich
und da er anderen dient
wächst sein Besitz
und da er anderen gibt
so mehrt er sich.

Tao-Te-Ching 81

Was wird es einem Menschen nützen, die ganze Welt zu gewinnen, sich selbst aber zu Grunde zu richten oder einzubüßen?

Lukas 9, 25

Glanz und Ehren mit Hochmut gepaart
ziehen sich selbst ins Verderben.

Tao-Te-Ching 9

Seht zu und hütet euch vor aller Habsucht.
Denn für keinen – habe er auch im Überfluss –
hängt sein Leben an seinem Hab und Gut.

Lukas 12, 25

Es ist kein Übel ärger als Begehren
kein Unheil böser als Sichnichtbegnügen
kein Fehler größer als Erbenwollen.

TAO-TE-CHING 46

Hortet euch doch Schätze im Himmel.

MATTHÄUS 6, 20

Ich habe drei Schätze
die halte ich fest
der erste – Mitleid
der zweite – Sparsamkeit
der dritte – Angst sich vorzudrängen.

Tao-Te-Ching 67

Denn: Wo dein Schatz, dort ist auch dein Herz.

Matthäus 6, 21

So trägt der Weise ein härenes Kleid
und birgt doch Jade im Herzen.

Tao-Te-Ching 70

Kein Haussklave kann zweier Herren Knecht sein. Denn: Entweder hasst er den einen und liebt den anderen. Oder: Er hängt am einen und missachtet den anderen. Ihr könnt nicht Gottes und des Mammon Knecht sein.

Das alles aber hörten die Pharisäer mit an; geldgierig waren sie und rümpften die Nase über ihn. Und er sprach zu ihnen: Ihr da, ihr erklärt euch selber vor den Menschen für gerecht, Gott aber kennt eure Herzen. Denn: Was bei Menschen hoch erhoben – eine Abscheulichkeit ist es vor Gott.

Lukas 16, 13-15

Das Tao des Himmels nimmt vom Überfluss
das Karge aufzuwiegen
nicht so das Tao des Menschen
es kargt vom Kargen ab
den Überfluss zu speisen
wer aber hat genug, mit seinem Überfluss
die Welt zu speisen?
Doch nur der Weise.

Tao-Te-Ching 77

Hortet euch nicht Schätze auf Erden, wo Motte und Wurm sie verzehren und wo Diebe durchgraben und stehlen.

Matthäus 6, 19

Der Saal mit Gold und Jade voll gestopft
ist nicht vor Räubern zu bewahren.

Tao-Te-Ching 9

Bescheidenheit

Sowohl für Lao-Tse als auch Jesus ist Bescheidenheit eine Haupttugend – man könnte sie fast als die Muttertugend bezeichnen, aus welcher alle anderen hervorgehen. Ein demütiges Herz, von Falschheit und Selbstsucht gereinigt, kennzeichnet einen sanften und bewundernswerten Charakter.

Ständig warnt Lao-Tse vor den Gefahren, nach Rang und Position zu streben und mahnt wiederholt: Wenn der Weise »sich nicht vordrängt«, so kann er »aller Wesen erstes sein«. Auf ähnliche Weise stellt Jesus fest, dass »die Ersten die Letzten und die Letzten die Ersten« sein werden. Er liebte und ermutigte die Armen und Gedemütigten und verkörperte selbst die Tugend der Bescheidenheit in vielen Aspekten seines Lebens, insbesondere beim Heilen.

Denn wer der Kleinste unter euch allen ist, der ist ein Großer.

Lukas 9, 48

Höchste Güte ist wie das Wasser
gut tut es den Dingen
und streitet mit keinem
das Niedrige, das alle verachten, füllt es
so gleicht es dem Tao.

Tao-Te-Ching 8

Wer sich selbst erhöht, wird niedrig gemacht,
und wer sich selbst niedrig macht, wird erhöht.

Matthäus 23, 12

So stellt der Weise sein Selbst zurück
und ist den anderen voraus.

Tao-Te-Ching 7

Der Menschensohn ist nicht gekommen, um sich dienen zu lassen, sondern um zu dienen.

Matthäus 20, 28

So muss der Weise sich erniedrigen
will er sich übers Volk erheben
so muss er hintennach sich stellen
will er vor dem Volke stehen
so steht der Weise überm Volk
und fällt dem Volke nicht zur Last
so steht der Weise vor dem Volk
und wirkt ihm nicht zum Schaden
(...) da er mit keinem streitet
bleibt er unbestritten Sieger.

Tao-Te-Ching 66

Selig die Sanften,
denn die werden das Land erben.

Matthäus 5, 5

Und wen der Himmel schützen will
den schützt er mit der Macht des Mitleids.

Tao-Te-Ching 67

Er war in einer der Städte. Und da! Ein Mann voll Aussatz. Als er Jesus sah, fiel er nieder, aufs Gesicht, flehte ihn an und sagte: Herr, wenn du willst, kannst du mich rein machen. Und er streckte die Hand aus, hielt ihn fest und sagte: Ich will, werde rein! Und gleich schwand der Aussatz von ihm. Und er wies ihn an: Sprich mit keinem darüber. Doch geh, zeige dich dem Priester und bring für deine Reinigung dar, wie Mose geboten – ihnen zum Zeugnis. Aber nur umso weiter lief das Wort über ihn. Und große Scharen liefen zusammen, um zu hören und sich von ihren Krankheiten heil machen zu lassen. Er aber war in den Einöden, zurückgezogen und betend.

Lukas 5, 12-16

Das Ruhmvolle wissen
das Ruhmlose wahren
so wird man zum Tal der Welt
das immer das Te erfüllt
und rückströmt in die Ursprünglichkeit.

Tao-Te-Ching 28

Doch viele Erste werden Letzte,
und die Letzten werden Erste sein.

Markus 10, 31

So sind (...) das Zarte und Schwache
Gefährten des Lebens
(...)
So sinkt in die Niederungen das Starke
und Große
indes das Zarte und Schwache
die Höhen erklimmt.

Tao-Te-Ching 76

Und es folgten ihm viele Scharen und er machte sie alle heil. Und er herrschte sie an, ihn nicht zum Aufscheinen zu bringen.

Matthäus 12, 15-16

So hält sich der Weise ans Eine
und wird zum Vorbild für alle
er zeigt sich nicht
so wird er sichtbar
er will nicht Recht behalten
so wird sein Recht offenbar
er pocht nicht auf Verdienste
so schafft er Verdienstvolles.

Tao-Te-Ching 22

Wer von sich selbst aus redet, sucht seine eigene Verherrlichung. Wer aber die Verherrlichung dessen sucht, der ihn ausgeschickt hat, der ist wahrhaftig – und Unrecht gibt es nicht in ihm.

Johannes 7, 18

Wer weiß, spricht nicht
wer spricht, weiß nicht.

Tao-Te-Ching 56

Und da es an Wein mangelte, sagte die Mutter Jesu zu ihm: Keinen Wein haben sie. Und Jesus sagte zu ihr: Was willst du von mir, Frau! Meine Stunde ist noch nicht gekommen.

Johannes 2, 3-4

Wer sich nicht vordrängt,
kann aller Wesen erstes sein.

Tao-Te-Ching 67

LIEBE

Liebe ist, in all ihren unterschiedlichen Formen und wunderbaren Ausdrucksweisen, die raison d'être des menschlichen Lebens, die mächtigste Kraft, der wir in uns begegnen können. Dies erkannten Jesus und Lao-Tse und versuchten, mithilfe dieser Ehrfurcht gebietenden Kraft die Herzen der Menschen zu wandeln und die Gesellschaft zu erneuern.

Beide Lehrer warnten davor, uns mit harten Urteilen gegen diejenigen zu wenden, deren Handlungen wir ablehnen. Jesus drängte uns sogar, »unsere Feinde zu lieben und denen Gutes zu tun, die uns hassen«. Lao-Tse riet uns, »Übelwollen mit Güte zu vergelten«. Sicherlich ihre schwierigsten Forderungen! Sie rieten uns aber auch, neutral oder urteilsfrei zu bleiben, wenn wir auf Böses oder Ungerechtes stoßen, und dadurch dem Vorbild Gottes oder der Natur in ihrer Zurückhaltung und Unvoreingenommenheit zu folgen. Ja, Lao-Tse und Jesus legten uns nahe, der höchsten Kraft zu vertrauen, die Dinge wieder in Ordnung zu bringen.

Manchmal fällt eine Art der Liebe, die zu zeigen sie uns stets ermahnten, auch leichter und konkreter: einem wirklich reumütigen Menschen zu vergeben, Toleranz auszuüben oder einfache Freundlichkeit und Sanftheit zu zeigen. Auf alle Fälle betrachteten sie Liebe und Vergebung nicht als idealistische Fantasien oder unpraktischen Luxus, sondern als Hauptwerkzeuge für die Veränderung der Welt.

Liebe deinen Nächsten wie dich selbst!

Matthäus 22, 39

Dem, der liebend der Welt gleichsetzt
sein Selbst
mag man die Welt anvertrauen.

Tao-Te-Ching 13

Die Liebe ist langmütig. Gütig waltet die Liebe, nicht ehrneidig. Die Liebe eifert nicht; sie macht sich nicht wichtig, sie benimmt sich nicht missfällig; sie sucht nicht das ihre. Sie lässt sich nicht aufreizen, sie rechnet das Übel nicht vor. Sie freut sich nicht über das Unrecht; doch sie freut sich mit an der Wahrheit. Alles hält sie aus. Alles glaubt sie; alles hofft sie; alles durchharrt sie.

1. Korinther 13, 4-7

Von großer Macht ist Mitleid
im Kampf verleiht es Sieg
im Widerstand Festigkeit.

Tao-Te-Ching 67

Und einer von ihnen, ein Gesetzeslehrer, fragte, um ihn zu versuchen: Lehrer, welche Weisung ist die große im Gesetz? Er sagte zu ihm: Liebe den Herrn, deinen Gott, mit deinem ganzen Herzen und mit deinem ganzen Leben und mit all deinem Sinnen! Das ist die große und erste Weisung. Eine zweite aber ist ihr gleich: Liebe deinen Nächsten wie dich selbst! An diesen zwei Weisungen hängt das ganze Gesetz und die Propheten.

Matthäus 22, 35-40

Wurzelwiederfinden heißt Stille –
was man nennen mag: Rückkehr zum Wesen
Rückkehr zum Wesen heißt Ewigdauern
Ewigdauerndes kennen heißt Klarheit.

Tao-Te-Ching 16

So werdet ihr Söhne eures Vaters – dem in den Himmeln. Er lässt ja seine Sonne aufgehen über Bösen und Guten und regnen auf Gerechte und Ungerechte.

Matthäus 5, 45

Glücklich verbänden sich Himmel und Erde
herabzusenden Segen bringenden Tau
zwanglos kehrte zurück das
Menschengeschlecht
zur Gleichheit.

Tao-Te-Ching 32

Richtet nicht, dann werdet ihr nicht gerichtet. Und verurteilt nicht, dann werdet ihr nicht verurteilt. Lasst frei, dann werdet ihr freigelassen.

Lukas 6, 37

Gut heißt der Weise die Guten
gut aber auch die Unguten:
denn gut ist aller Dinge Te
wahr nennt er die Wahren
wahr aber auch die Unwahren:
denn wahr ist aller Dinge Te.

Tao-Te-Ching 49

Der von euch, der ohne Sünde ist, werfe als Erster einen Stein auf sie.

Johannes 8, 7

Töten soll nur, wer zu töten befugt ist
wer tötet statt seiner
ist wie der Lehrling
der das Beil schwingt anstelle des Meisters
wer statt seiner das Beil schwingt
zerhackt leicht sich die Hand.

Tao-Te-Ching 74

Ich aber sage euch: Dem Bösen nicht widerstehen! Sondern: Wer dich auf die rechte Backe schlägt – wende ihm auch die andere zu.

Matthäus 5, 38

Vergelte Übelwollen mit Güte.

Tao-Te-Ching 63

Denn der Menschensohn ist gekommen, das Verlorene zu suchen und zu retten.

Matthäus 18, 11

Warum war bei den Alten das Tao so hoch
angesehen?
weil man erhielt, was man wollte
trotz Schuld der Strafe entgehen konnte
darum schätzte es die Welt.

Tao-Te-Ching 62

Liebt eure Feinde! Tut wohl euren Hassern.

Lukas 6, 27

So bewahrt der Weise die Menschen gut
und keinen übersieht er
(...)
denn der Gute dient dem Guten als
Lehrmeister
der Ungute dem Guten als Lehrling.

TAO-TE-CHING 27

Seht euch vor! Wenn dein Bruder sich versündigt, so herrsche ihn an! Und kehrt er um – so erlass es ihm. Und versündigt er sich sieben Mal des Tags gegen dich und wendet sich sieben Mal zu dir zurück und sagt: Ich will umkehren – so erlass es ihm.

LUKAS 17, 3-4

Das Tao, das keinem nahe steht
ist immer auf der Seite der Gerechten.

Tao-Te-Ching 79

Kinder, noch eine kleine Weile bin ich bei euch. (...) Eine neue Weisung gebe ich euch: Liebt einander, wie ich euch geliebt, damit auch ihr einander liebt.

Johannes 13, 33-34

Der Weise strebt danach im Reich
dass die Herzen eins werden in Einfalt
so sammelt sich wieder Sicht und Gehör
des Volkes
und alle macht er zum Kinde.

Tao-Te-Ching 49

Heuchelei

Jesu und Lao-Tses Abscheu vor dem Übel der Heuchelei erwuchs gleichsam natürlich aus ihrer Liebe zu den Tugenden der Einfachheit und Unschuld. Denn diejenigen, die im Geiste einfach bleiben, werden selten zu heucheln beginnen; und diejenigen, die sich ihre natürliche Unschuld bewahren, werden Gewalt gewöhnlich verabscheuen.

Heuchelei macht einen großen Anteil der gesellschaftlichen Missstände aus. Die Eliten einer Gesellschaft benutzen sie als Instrument, um ihre Vorherrschaft zu festigen und ihre Privilegien zu sichern. Die Pharisäer und Priester im Falle Jesu und die konfuzianischen Minister im Falle Lao-Tses wurden zu Architekten einer korrupten, ungerechten und geistig zerfallenen Gesellschaft, deren Aufbau auf Kosten der Beherrschten ging. Kein anderes Thema konnte bei Jesus oder Lao-Tse derartig tiefe Empörung hervorrufen. Beide Weise verwenden für Angriff und Verdammung dieser Phänomene ihre schärfste Sprache. Lao-Tse klagt die Höflinge an, dass sie »vor Überfluss nicht wissen, wohin mit den Schätzen und Kostbarkeiten« und dass sie die Welt in die Räuberei führen. Jesus tobt gegen die Pharisäer: Ihr erscheint »von außen den Menschen als gerecht, innen aber seid ihr voll gepfropft mit Blenderei und Gesetzlosigkeit«.

Weh euch, ihr Schriftgelehrten und Pharisäer, ihr Blender! Ihr gleicht getünchten Grabstätten, die von außen frisch erscheinen, innen aber strotzen sie von Totenknochen und aller Art Unrat. So erscheint auch ihr von außen den Menschen als gerecht, innen aber seid ihr voll gepfropft mit Blenderei und Gesetzlosigkeit.

Matthäus 23, 27-28

Wer auf Verdienste pocht, schafft nichts
Verdienstvolles
wer sich hervorhebt, verwirkt den Vorrang
im Sinn des Tao gesprochen wäre das:
Schlemmen – Nichtessen, Stolzieren –
Nichtgehen
und das erweckt bei allen Wesen Abscheu
wer sich ans Tao hält
handelt niemals so.

Tao-Te-Ching 24

Darauf gingen die Pharisäer und fassten den Beschluss, ihm mit einem Wort eine Schlinge zu legen. (...) Lehrer, wir wissen, dass du wahrhaftig bist, den Weg Gottes der Wahrheit gemäß lehrst und dich dabei um niemand kümmerst; denn du blickst nicht auf das Gesicht der Menschen. Sag uns also, was du meinst: Ist es erlaubt, dem Kaiser Steuer zu zahlen – oder nicht? Jesus aber kannte ihre Bosheit und sprach: Was versucht ihr mich, ihr Blender!

Matthäus 22, 15-18

Wer nicht schätzt seinen Lehrmeister
nicht liebt seinen Lehrling
geht irr, sei er noch so klug.

TAO-TE-CHING 27

Treffend hat Jesaja über euch Blender prophetisch geredet, wie geschrieben ist:
Dies Volk ehrt mich mit den Lippen,
doch hält sein Herz sich fern von mir.
Umsonst verehren sie mich:
Denn was sie an Lehren lehren,
sind Menschengebote.
Fahren lasst ihr Gottes Weisung, aber ihr haltet der Menschen Überlieferung.

Markus 7, 6

Die Riten verdarben Treue und Vertrauen
und die Wirrnis erhob ihr Haupt.

TAO-TE-CHING 38

Weh euch, ihr Schriftgelehrten und Pharisäer, ihr Blender! Ihr fresst die Häuser der Witwen leer und gebt vor, lange zu beten.

Matthäus 23, 14

Verloren ging das große Tao
Güte und Rechtschaffenheit entstand
hervortrat die Klugheit –
die große Heuchelei entstand.

Tao-Te-Ching 18

Hütet euch vor dem Sauerteig der Pharisäer,
das heißt vor ihrer Blenderei.

Lukas 12, 1

Zerrissen war die Sippe –
der Familiensinn entstand
in Wirrnissen zerfiel der Staat –
der treue Minister entstand.

TAO-TE-CHING 18

Auf den Lehrstuhl des Mose haben sich die Schriftgelehrten und die Pharisäer gesetzt. Alles nun, was sie euch sagen, das tut und bewahrt; ihre Werke aber macht nicht nach. Denn sie reden ja nur, aber sie tun es nicht. Sie bündeln schwere und unerträgliche Lasten und legen sie auf die Schultern der Menschen. (...) Lieb ist ihnen die erste Liege bei den Gastmählern, die ersten Sitze in den Synagogen, die Begrüßungen auf den Marktplätzen (...). Weh euch, ihr Schriftgelehrten und Pharisäer, ihr Blender! Ihr verzehntet die Minze und den Dill und den Kümmel, aber das Gewichtigste des Gesetzes lasst ihr: Das Gericht, das Erbarmen und die Treue. (...) So erscheint auch ihr von außen den Menschen als gerecht, innen aber seid ihr voll gepfropft mit Blenderei und Gesetzlosigkeit.

MATTHÄUS 23, 2-28

Prachtvoll sind die Paläste der Fürsten
verwildert aber sind rings die Äcker
und leer die Getreidespeicher
die bunten Gewänder der Edlen glänzen
sie tragen scharf geschliffene Schwerter
übersättigt mit Speise und Trank sind sie
das Beste ist ihnen zuwider
vor Überfluss wissen sie nicht
wohin mit den Schätzen und Kostbarkeiten
das aber nenn ich »erbärmliches Großtun
von Räubern«
nichts hat ihr Tun gemein mit dem Tao!

Tao-Te-Ching 53

Gewalt

Die Gewalt – eine tödliche Folge der Heuchelei – wird sowohl von Jesus als auch von Lao-Tse als das bedauerlichste Laster der Menschheit kritisiert. Gewalt ist nicht der Weg des Tao, mahnt Lao-Tse, und »wer dem Tao zuwiderhandelt, endet früh«.

Und als Jesus Zeuge von Gewaltanwendung zu seiner eigenen Verteidigung wird, sagt er einfach: »Lasst das! Nicht weiter!« und beendet den Tumult.

Beide Weise lehnen kategorisch jede Art der Gewalttätigkeit ab – die psychische Gewalt der sozialen Unterdrückung ebenso wie die physische Brutalität, die auf ihrem Wege so viel Leiden erzeugt.

Als aber die um ihn herum sahen, was da werden sollte, sprachen sie: Herr, sollen wir mit dem Schwert dreinschlagen? Und da schlug einer von ihnen auf des Hohenpriesters Knecht ein und hieb ihm das rechte Ohr ab. Jesus aber hob an und sprach: Lasst das! Nicht weiter. Und er hielt das Ohr fest und heilte ihn.

Lukas 22, 49-51

Wer Fürsten dient im Dienste des Tao
erzwingt nicht mit Waffen Gehorsam
im Reich.

Tao-Te-Ching 30

Ihr wisst, die Anführer der Völker herrschen auf sie herunter, und ihre Großen lassen sie ihre Vollmacht spüren. Bei euch sei es nicht so!

Matthäus 20, 25

Ein böses Werkzeug sind Waffen
sie sind kein Werkzeug des Edlen
gezwungen nur greift der zur Waffe
der Ruhe Gleichmut schätzt er am höchsten.

Tao-Te-Ching 31*

* Siehe Bemerkungen zur Übersetzung

Die zweiundsiebzig kehrten zurück; voll Freude sagten sie: Herr, sogar die Abergeister sind uns untertan in deinem Namen. Aber er sprach zu ihnen: Ich schaute, wie gleich einem Blitz der Satanas aus dem Himmel stürzte. Da! Ich habe euch die Vollmacht gegeben, auf Schlangen und Skorpione zu treten und über alle Kraft des Feindes, und nichts wird euch je schaden. Jedoch: Nicht darüber freut euch, dass die Geister euch untertan sind. Vielmehr freut euch, dass eure Namen aufgeschrieben sind in den Himmeln.

Lukas 10, 17-20

Siegt der Edle, so freut ihn der Sieg nicht
wer des Sieges sich freut
ist der Mordlust verfallen
wer aber der Mordlust verfallen
nie zwingt er der Welt seinen Willen auf
(...) Zu Trauerfeiern rüstet euch
mit Trauer und Tränen gedenkt
der hingemetzelten Scharen
mit Trauerfeiern feiert den Sieg!

Tao-Te-Ching 31

Selig die Friedenstifter,
denn die werden Söhne Gottes heißen.

Matthäus 5, 9

Die Kraft missbrauchen bringt Verfall
das heißt: dem Tao zuwiderhandeln
wer ihm zuwiderhandelt, endet früh.

Tao-Te-Ching 30

Denn alle, die zum Schwert greifen, gehen durch das Schwert zu Grunde.

Matthäus 26, 52

Was andere lehrten
lehre auch ich:
eines gewaltsamen Todes muss
der Gewaltsame sterben.

Tao-Te-Ching 42

WEISHEIT

In den Aussagen Jesu und Lao-Tses kann man den Klang der Wahrheit widerhallen hören wie eine Glocke. »Bei Gott aber ist alles möglich«, erklärt Jesus. »Allüberströmend ist das Tao«, stellt Lao-Tse fest (Tao-Te-Ching 34).

Lao-Tse und Jesus zeigten einen Weg, dem man in der Welt folgen kann und auf dem tiefster Sinn und größter Wert gewonnen werden können. Sie verwiesen darauf, wie man die Welt überwinden kann. Manchmal kann das Betreten dieser Pfade sehr beschwerlich sein. Die Reise kann einsam und frustrierend werden, wie es gelegentlich sowohl Jesus als auch Lao-Tse bezeugten. Auch sprachen sie aus, dass sie sich in der Welt fehl am Platze fühlten und erschüttert seien von den Verfehlungen der Menschheit. Häufiger jedoch verheißt der Pfad Erlösung und vollkommenes Glück in der Umarmung des Absoluten.

Seid ihr also vollkommen, wie euer himmlischer Vater vollkommen ist.

Matthäus 5, 48

Es folgt der Mensch der Erde
die Erde folgt dem Himmel
der Himmel folgt dem Tao
das Tao folgt sich selbst.

TAO-TE-CHING 25

An ihren Früchten erkennt ihr sie genau.

Matthäus 7, 16

Wer die Urmutter erschaut hat
erkennt durch sie ihre Kinder.

Tao-Te-Ching 52

Noch blicken wir ja nur durch einen Spiegel – in Rätselgestalt –, dann aber von Angesicht zu Angesicht. Noch erkenne ich nur zum Teil, dann aber werde ich voll erkennen, wie ich selbst voll erkannt ward.

1. Korinther 13, 12

Wer weiß, wen und warum
der Himmel hasst?
so fällt auch dem Weisen Hass
und Strafe schwer.

Tao-Te-Ching 73

Denkt nicht, ich sei gekommen, um Frieden auf die Erde zu bringen. Ich bin nicht gekommen, Frieden zu bringen – sondern das Schwert. Gekommen bin ich, um zu entzweien: den Menschen und seinen Vater, die Tochter und ihre Mutter.

Matthäus 10, 34-35

Himmel und Erde kennen nicht Güte
wie die Opferhunde aus Stroh sind für sie alle Dinge
die Weisen kennen nicht Güte
wie die Opferhunde aus Stroh sind für sie alle Menschen.

Tao-Te-Ching 5

Und gleich war da in ihrer Synagoge ein Mensch mit einem unreinen Geist. Und der schrie auf und sagte: Was willst du von uns, Jesus von Nazareth? Du bist gekommen, uns zu Grunde zu richten. Ich weiß, wer du bist: Der Heilige Gottes. Aber Jesus herrschte ihn an und sagte: Verstumme und fahr aus von ihm! Und ihn schüttelnd und mit gewaltigem Heulen aufheulend, fuhr der unreine Geist von ihm aus.

Markus 1, 23-26

Wird nach dem Tao gelenkt das Reich
sind die Totengeister nicht mehr
zaubermächtig
nicht, dass sie keine Zaubermacht besäßen
ihre Zaubermacht stört die Menschen
nicht mehr.

Tao-Te-Ching 60

Wie feig ihr seid, ihr Kleingläubigen!

Matthäus 8, 26

Doch wer dem Tao folgt
wird eins mit dem Tao
wer dem Te folgt
wird eins mit dem Te
wer sie verloren hat
wird eins mit seiner Verlorenheit
(...)
wo das Vertrauen fehlt
spricht der Verdacht.

Tao-Te-Ching 23

Besser, wer sich selbst beherrscht,
als wer Städte erobert.

Sprichwörter 16, 32

Wer andere kennt, ist klug
wer sich kennt, ist weise
wer andere bezwingt, ist kraftvoll
wer sich selbst bezwingt, ist unbezwingbar.

Tao-Te-Ching 33

Jesus aber wurde vor den Statthalter gestellt. Und der Statthalter fragte ihn und sagte: Du also bist der König der Juden? Jesus aber sprach: Das sagst du! Und als er von den Hohenpriestern und Ältesten angeklagt wurde, antwortete er nichts. Darauf sagte Pilatus zu ihm: Hörst du nicht, wie vieles sie gegen dich bezeugen? Doch er antwortete ihm auf kein einziges Wort, sodass der Statthalter sehr erstaunt war.

Matthäus 27, 11-14

Das Härteste in der Welt –
bezwungen wird es vom Geschmeidigsten
das lückenlos Undurchdringliche –
durchdrungen wird es vom Gestaltlosen
so weiß ich denn:
nicht wider die Natur handeln
fördert der Dinge Gedeihen
aber Belehrung ohne Worte
handeln, doch nicht wider die Natur –
gar selten trifft man dergleichen
in dieser Welt.

Tao-Te-Ching 43

Heran zu mir alle, ihr Mühenden und Überbürdeten: Ich werde euch aufatmen lassen. Mein Joch nehmt auf euch und lernt von mir. Denn: Sanft bin ich und von Herzen niedrig, und ihr werdet Aufatmen finden für euer Leben. Mein Joch ist ja gut und meine Bürde ist leicht.

Matthäus 11, 28-30

Wer sich ans große Ungestalte hält
dem strömen alle Wesen zu
strömen ihm zu und leiden keinen Schaden
finden Frieden und Ruhe.

TAO-TE-CHING 35

Sagt Thomas zu ihm: Herr, wir wissen nicht, wohin du gehst – wie könnten wir den Weg wissen? Sagt Jesus zu ihm: Ich bin der Weg und die Wahrheit und das Leben.

Johannes 14, 5-6

Besäße einer überragendes Wissen
er würde wandern die breite Straße des Tao
und ängstlich krumme Wege meiden
eben und gerade ist die große Straße des Tao
doch die Menschen lieben die Nebenpfade.

Tao-Te-Ching 53

Die Füchse haben Höhlen und die Vögel des Himmels Nester, der Menschensohn aber hat nichts, wo er den Kopf hinbetten könnte.

Lukas 9, 58

Die Menge drängt und tummelt sich
als ginge sie zum Opferschmaus
als zöge sie zum Frühjahrsfest
ich ruhe in mir still und ungeteilt
dem Kinde gleich, der Mutterbrust noch
nicht entwöhnt
ein Heimatloser, der nicht weiß wohin.

Tao-Te-Ching 20

Bei Gott aber ist alles möglich.

Matthäus 19, 26

Kann ihm nichts mehr widerstehen
wirkt er endlos wie das Tao –
niemand kann sein Wirken sehen
wirkt er endlos wie das Tao
... und im Tao fest gegründet
Leben, das kein Ende findet.

Tao-Te-Ching 59

Wer sein Leben retten will, der wird es zu Grunde richten. Wer aber sein Leben zu Grunde richtet – um meinetwillen –, der wird es retten.

Lukas 9, 24

Der Weise (...) wahrt nicht sein Selbst
und es bleibt ihm bewahrt
denn ohne Eigensucht
vollendet er das Eigene.

Tao-Te-Ching 7

Wer aber ausharrt bis ans Ziel, der wird gerettet.

Markus 13,13

Die Reise von tausend Meilen
begann mit einem Schritt.

TAO-TE-CHING 64

Mystik

Vor allem anderen waren Jesus und Lao-Tse Mystiker, darum bemüht, das letzte Wesen der Wirklichkeit zu sehen und zu erfahren. Das ist das Fundament, auf welchem ihre philosophische und soziale Botschaft ruht. Hauptsächlich ging es in ihrer Lehre darum, die Quelle, von welcher alles Sein ausfließt, zu verstehen und sich mit ihr zu identifizieren und dann das eigene Leben in Einklang mit ihr zu entfalten.

Sie geben uns viele Beispiele für ihre Versuche, das Unausdrückbare auszudrücken. Lao-Tse spricht vom Tao als »einsam-stilles, endlosweites, in sich allein, unwandelbar« oder als ein Inbild dessen, was vor Gott existierte. Jesus sprach von Gott dem Vater und benutzte verschiedene Metaphern für das Himmelreich, die eine Ahnung vom Geheimnis des Daseins Gottes übermitteln sollten. Die Essenz ihrer Vision bestand in der Verbindung mit dem beseelenden Prinzip des Universums – dem Tao des Himmels, welches sich in der Welt manifestiert, oder dem Gott vor und nach der Schöpfung.

Im Anfang war das Wort, und das Wort war bei Gott, und das Wort war Gott.

Johannes 1, 1

Ein Etwas gibt es, aus dem Chaos geworden
früher als Himmel und Erde entstanden
ein einsam-stilles, endlos-weites
in sich allein, unwandelbar
kreisend, nie sich erschöpfend
des Alls Urmutter könnte man es nennen
ich kenne seinen Namen nicht
ich nenne es Tao
und da ich es bezeichnen muss
nenne ich es groß.

Tao-Te-Ching 25

Wahr, ja wahr ists, ich sage euch: Nichts kann der Sohn von sich aus tun, es sei denn, er erblicke, dass der Vater es tut. ... Wie nämlich der Vater die Toten erweckt und lebendig macht, ebenso macht der Sohn lebendig, welche er will. So richtet denn auch der Vater keinen, sondern hat alles Gericht dem Sohn gegeben, dass alle den Sohn ehren, wie sie den Vater ehren.

Johannes 5, 19-23

Das Tao gebiert die Dinge
das Te erhält sie
die Dingwelt formt sie
die Eigenkraft vollendet sie
darum gibt es kein Ding
das nicht ehrte das Tao
und schätzte das Te
geehrt wird das Tao
geschätzt wird das Te
weil sie nie zwingen
und immer die Dinge wachsen lassen
wie es ihnen entspricht.

Tao-Te-Ching 51

... damit ihr zu erkennen bekommt und anerkennt, dass in mir der Vater ist und ich im Vater. (...) Ich und der Vater sind eins.

Johannes 10, 38 und 30

Namenlos
des Himmels, der Erde Beginn
namhaft erst der zahllosen Dinge Urmutter
(...)
beide gemeinsam entsprungen dem Einen
sind sie nur anders im Namen
gemeinsam gehören sie dem Tiefen
dort, wo am tiefsten das Tiefe
liegt aller Geheimnisse Worte.

Tao-Te-Ching 1

Lernt von den Lilien des Feldes: wie sie wachsen. Sie mühen sich nicht ab; sie spinnen nicht. Ich sage euch aber: Nicht einmal Salomo in all seiner Herrlichkeit war gewandet wie eine von diesen hier.

Matthäus 6, 28-29

Von Anbeginn bis heute
schwanden nie die Namen der Dinge
so wird aller Anfang erschaubar
wie weiß ich von ihrer Urgestalt?
Durch es.

Tao-Te-Ching 21

Der Himmel und die Erde werden vergehen:
Meine Worte aber werden nimmer vergehen.

Lukas 21, 33

Von allen Dingen in ihrer Vielfalt
findet ein jedes zurück zur Wurzel
(...) Rückkehr zum Wesen heißt Ewigdauern
(...) das Tao gleicht der Ewigkeit
wer dauert im Tao
taucht in die Tiefe gefahrlos.

TAO-TE-CHING 16

Es geschah aber an einem der Tage: Er selbst stieg in ein Boot, seine Jünger mit ihm. Und er sprach zu ihnen: Fahren wir zur Jenseite des Sees. Und sie legten ab. Während sie dahinsegelten, schlief er ein. Und ein Wirbelwind fuhr herab in den See. Sie liefen voll und waren in Gefahr. Sie traten heran, weckten ihn und sagten: Meister, Meister, wir gehen zu Grunde! Und er wachte auf, herrschte den Wind und das Gewoge des Wassers an. Und sie hörten auf – und es ward Stille. Sprach er zu ihnen: Wo bleibt euer Glaube? Furcht ergriff sie und Staunen, und sie sagten zueinander: Wer ist doch dieser, dass er auch den Winden befiehlt und dem Wasser – und sie gehorchen ihm.

LUKAS 8, 22-25

Reine Stille gibt der Welt
das rechte Maß zurück.

Tao-Te-Ching 45

Mit dem Königtum der Himmel ist es gleich wie mit einem Senfkorn, das ein Mensch nahm und auf seinen Acker säte. Das ist zwar kleiner als alle Samen; ist es aber ausgewachsen, so ist es größer als alle Kräuter und wird ein Baum, sodass die Vögel des Himmels kommen und nisten in seinem Gezweig.

Matthäus 13, 31-32

Ewig ist das Tao und ohne Namen –
doch wenn auch gering erscheint das
Unverdorbene
nichts in der Welt ist so mächtig
es zu knechten
(…) dem Meer, in das alle Flüsse münden
gleicht das Tao in der Welt.

Tao-Te-Ching 32

Alles hat seine Stunde.
Für jedes Geschehen unter dem Himmel
gibt es eine bestimmte Zeit.

Kohelet 3, 1

Erreiche den Gipfel der Leere
bewahre die Fülle der Ruhe
und alle Dinge werden gedeihen
so kann ich ihre Rückkehr erschauen.

Tao-Te-Ching 16

Als er am See von Galiläa umherging, sah er zwei Brüder: Simon, den Petrus genannten, und dessen Bruder Andreas, wie sie ein Rundnetz in den See warfen; sie waren ja Fischer. Und er sagte zu ihnen: Auf, mir nach! Und ich werde Menschenfischer aus euch machen.

Matthäus 4, 18-19

Des Himmels Netz ist von gewaltiger Größe
weitmaschig, und doch entschlüpft
ihm nichts.

Tao-Te-Ching 73

Das Königtum Gottes ist mitten unter euch.

Lukas 17, 21

Allüberströmend ist das Tao
in jede Richtung kann es sich ergießen.

Tao-Te-Ching 35

Leiden und Unsterblichkeit

Niemand bleibt – auf die eine oder andere Weise – von Tragik unberührt, denn sie ist ein Teil der menschlichen Lebensbedingungen. Diese Wirklichkeit führte Buddha zu dem Schluss, dass »das Dasein« Leiden sei, dass in unserer Welt grundlegend etwas aus dem Lot sei und dass das Leben selbst ein zu lösendes Problem darstelle. Jesus war sich des Bösen höchst bewusst und vielfach brachte er seinen Abscheu vor der Welt und ihren Wegen zum Ausdruck. Sogar der im Allgemeinen lebensbejahende Lao-Tse erkannte die Neigung der Welt, in Ignoranz und Ekel zu verharren und er beklagte, dass der Weg der Sanftmut und natürlichen Güte allgemein verachtet, wenn nicht sogar bestraft würde.

Diese Tragik des Lebens erinnert uns unter anderem daran, nach Möglichkeit kein Schmerz oder Leid zuzufügen. Die andere große Lektion des Leidens richtet sich an seine

Opfer: wie wir mit den Brüchen umgehen, die das Leben uns zufügt. Manchmal werden wir aufgefordert, das Unannehmbare anzunehmen. Das Tragische in unserem Leben kann uns aber auch zwingen, Quellen und Kräfte in uns zu entdecken, die wir nie für möglich gehalten hätten.

Jedes menschliche Wesen ist ein Schmelztiegel von Geist und Materie. Diese Verbindung kann in einem gut gelebten Leben eine glückliche sein, voller Reichtum und Freude. Jesus und Lao-Tse sahen dies und weigerten sich, das Leiden und den physischen Tod als das letzte Wort über das menschliche Schicksal anzuerkennen.

Wahr, ja wahr ists, ich sage euch:
Wer glaubt, hat unendliches Leben.

Johannes 6, 47

Wer sein Wesen nicht verliert, währt lang
wer dahingeht, ohne zu vergehen, lebt ewig.

Tao-Te-Ching 33

Der Geist ist der Lebendigmacher, das Fleisch taugt nichts. Die Worte, die ich zu euch gesagt: Geist sind sie und Leben.

Johannes 6, 63

Doch hört man, dass jene
die wohl zu wahren wissen ihr Leben
das Land durchziehen,
verschont von Nashorn und Tiger
unbewaffnet durchschreiten
waffenstarrende Heere
nichts an ihnen lockt das Nashorn,
sein Horn hineinzustoßen
nichts reizt den Tiger,
die Kralle hineinzukrallen
keinen Raum bietet ihr Leib dem Schwerte
und warum?

Weil sie nicht achten den Tod.

Tao-Te-Ching 50

Euch aber, meinen Freunden, sage ich: Ängstet euch nicht vor denen, die den Leib töten, aber danach nichts Weiteres tun können. Doch ich will euch zeigen, wen ihr fürchten sollt: Fürchtet den, der – nachdem er getötet – die Vollmacht hat, in die Hölle zu werfen.

Lukas 12, 4-5

Wenn das Volk den Tod nicht mehr fürchtet
wie wollt ihr es mit dem Tode schrecken?

Tao-Te-Ching 74

In der Welt habt ihr Drangsal – jedoch, seid guten Mutes! Ich habe die Welt besiegt.

Johannes 16, 33

Wer das Tao versteht, scheint unverständig
wer im Tao fortschreitet, scheint
rückwärts zu gehen
wer im Tao ausgeglichen, scheint rau zu sein.

Tao-Te-Ching 41

Nicht jeder, der zu mir sagt: »Herr, Herr!« kommt in das Königtum der Himmel hinein, sondern wer den Willen meines Vaters tut – dem in den Himmeln. Viele werden an jenem Tag zu mir sagen: Herr, Herr! (...) Aber dann werde ich vor ihnen bekennen: Niemals habe ich euch gekannt! Weicht von mir, ...!

Matthäus 7, 21-23

Sehr leicht sind meine Worte zu verstehen
sehr leicht ist es, danach zu handeln
und dennoch gibt es keinen in der Welt
der sie versteht, der danach handelt
denn jedes Wort hat einen Sinn
wie jede Tat auch einen Täter hat
das aber wissen nicht die Menschen
und darum bin ich ihnen unbekannt.

Tao-Te-Ching 70

Kommt durch das enge Tor hinein, denn weit ist das Tor und breit der Weg, der ins Verderben führt, und viele sind es, die da hindurchgehen. Wie eng ist das Tor und schmal der Weg, der ins Leben führt. Und wenige sind es, die ihn finden.

Matthäus 7, 13-14

Doch wachse ich an Wert,
je weniger mich kennen.

Tao-Te-Ching 70

Er wurde verachtet und von den Menschen gemieden, ein Mann voller Schmerzen, mit Krankheit vertraut. Aber er hat unsere Krankheit getragen und unsere Schmerzen auf sich geladen. Wir meinten, er sei von Gott geschlagen, von ihm getroffen und gebeugt. Doch er wurde durchbohrt wegen unserer Verbrechen, wegen unserer Sünden zermalmt. (...) Deshalb gebe ich ihm seinen Anteil unter den Großen, (...), weil er sein Leben dem Tod preisgab und sich unter die Verbrecher rechnen ließ. Denn er trug die Sünden von vielen und trat für die Schuldigen ein.

Jesaja 53, 3-12

So sagt der Weise:
wer eines Landes Übel auf sich nimmt
ist wert, Herr der Altäre zu sein
wer eines Landes Unglück auf sich nimmt
ist wert, Herr der Welt zu sein.

Tao-Te-Ching 78

Kommentare

Einfachheit

Seite 36/37

Wie oft bringen wir in unserer Geschäftigkeit und Zwanghaftigkeit die Dinge durcheinander! Würden wir mehr auf das Wohlwollen der Natur vertrauen, könnten wir unsere Hektik und Zerstörungswut leicht begrenzen. Es liegt ebenso viel Weisheit darin zu wissen, wann man nicht handeln soll, wie darin zu wissen, wann man handeln soll. Wenn wir kontemplativer und friedlicher werden, dann bringt die Natur sich selbst ins Gleichgewicht und die Dinge heilen aus sich selbst heraus, wie es auch eine Wunde tut, wenn man sie lässt.

Seite 38/39

Ein ruhiger, friedlicher Geisteszustand bildet die Basis von Einsicht und emotionalem Wohlbefinden. Ein hektisches, von Stress besetztes Leben in ständigen Sorgen und Verantwortlichkeiten hingegen schließt die Möglichkeit aus, tiefere Nahrung zu finden.

Seite 40/41

Das Herumhetzen, um vielerlei Dinge zu sehen und zu tun, kann zu einer Art von emotionalem Konsumismus führen. Der Lohn dafür ist günstigenfalls flüchtig, und sehr häufig ist die Bemühung in der Welt eine von Stress beladene, anstrengende Erfahrung. Wenn man die Quelle allen Friedens und aller Fülle im eigenen Zimmer erreichen kann, warum dann hinausgehen?

Seite 42/43
In ihrer Unschuld, Arglosigkeit und Sensibilität sind Kinder ein offenkundiges Vorbild für die natürliche Integrität, die zu einem spirituellen Wachstum nötig ist. Wird diese Unschuld von der Reife gewürzt, die das Leben mit sich bringt, so verwirklicht sich ein höherer Zustand von Integrität. Während wir älter werden, können wir unsere natürliche Unschuld reifen lassen und dadurch wie ein weises und sanftes Kind werden.

Seite 44/45
Die tiefsten Wahrheiten sind einfach, und die tiefste Wahrheit von allen ist eine des Charakters: ein reines Herz zu besitzen. Die Wahrheit ist klangvoll, aber nicht komplex. Sie schwingt mit einer direkten Kraft, deren Intensität sich vertieft. Ein reines Herz und ein einfaches Selbst durchdringen alles Statische.

Seite 46/47
Informationen sind kein Ersatz für Weisheit. Juristen, »Gelehrte«, Wissenschaftler und Geschäftsleute können Informationen manipulieren, verbiegen und die Wahrheit zu ihrem Vorteil verdrehen, bis sie nicht mehr erkennbar ist. Das ist kein Wissen, sondern eine Perversion desselben. Wirkliches

Wissen, Weisheit vermählt klares Denken mit tiefem Fühlen.

Seite 48/49
Juristen, Wissenschaftler und Techniker wickeln sich selbst – wenn sie nur ihren kritischen Intellekt anwenden – in eine erstickende Decke ein und werden von der Vorstellung irregeführt, sie könnten alle Probleme durch Berechnungen lösen. Tatsächlich jedoch schneiden sie sich selbst von menschlichem Gefühl und wirklichem Verstehen ab. Ein entgeistetes Lernen ist die Plage unserer Zivilisation, der alten wie auch der modernen.

Seite 50/51
Wir müssen über unsere Sache mit Gott nicht verhandeln, wenn wir uns mit einem respektvollen und ernsthaften Herzen nähern. Denn Gott kennt unsere Herzen und weiß, was wir brauchen, um gut und ganz zu sein. Wir müssen in unseren Gebeten oder Meditationen nur mit aufrichtiger Absicht zu unserem wahren Selbst zurückkehren, und dann können die guten Dinge zu Stande kommen, die wir brauchen.

Seite 52/53
Ein großer Teil unserer Wahrnehmungen ist illusionär. Wir tun unser Bestes, um Werte zu erkennen, und treffen damit manchmal auch – zufällig. Aber was, im großen Entwurf der Dinge, ist wirklich gut? Wir können es nicht wissen – wir haben einfach nicht die nötigen Informationen oder das Verständnis dafür. Wir benutzen Annäherungen

und urteilen mithilfe von Kontrasten, wobei wir die Dinge häufig auf kurzsichtige Weise interpretieren. Selten erhaschen wir Blicke auf eine Wahrheit, die die menschlichen Konventionen und das relative Denken überschreiten.

Seite 54/55

Wenn wir auf die Vollkommenheit des Universums eingestimmt sind, dann gelangen die Einzelheiten schließlich an ihren Platz, d. h., falls nicht die Welt, deren Teil wir sind, selbst zu stark aus dem Gleichgewicht geraten ist. Aber selbst dann wirkt eine Kraft, um die Dinge ins rechte Lot zu bringen, und die Weisen finden Zugang zu ihr.

Seite 56/57

Jesus drängte seine Jünger – unhistorisch gesehen – dazu, die Herausforderung des Lao-Tse in die Praxis umzusetzen: Eine revolutionäre Lebensweise – das Wagnis, in einer feindseligen Welt sanft zu sein, und die Früchte dessen abzuwarten.

Seite 58/59

Die spirituelle Sensibilität der Menschen ist aus irgendeinem Grund sehr unterschiedlich, was in der Alltagswelt für viel Verwirrung und Verständigungsprobleme sorgt. Das ist kein Mangel an Charakter, sondern eher ein Unterschied des Temperamentes und der Eignung. Es gibt aber Lektionen, die früher oder später von allen Menschen gelernt werden müssen – wie lange es auch dauern mag, bis sie zur Blüte gelangen.

Seite 60/61
Die Pflege des inneren Lebens ist der Schlüssel zum Verstehen der Wirklichkeit. Klopfe innen an die Tür. Dort muss das Mysterium der Welt offenbart werden, denn du bist die Welt als ein Mikrokosmos. In dir wirbeln die gleichen Kräfte, die die Himmel antreiben, und alles Wissen von Wert ist im Inneren erreichbar. Es ist immer dort und wird dich nähren.

Seite 62/63
Die christlichen Seligpreisungen und die taoistische Version ergänzen einander in ihrem Verständnis des Gesetzes der Komplementarität. Ihr Inhalt unterscheidet sich etwas, aber die Bedeutung ist ähnlich: Unterschiedlich erscheinende Dinge sind insofern sehr verbunden, als sie Elemente ihres jeweiligen Gegenteiles in sich enthalten. Man braucht nur offen im Bewusstsein zu bleiben, um zu sehen, wie sich die Dinge ineinander umwandeln und letztlich wie das andere sind. Die Natur mag keinen leeren Raum; so werden alle Dinge erfüllt werden. Einfach und unbelastet zu bleiben, ist der Schlüssel. Alle Erfahrung sucht ein Gleichgewicht im Gegenpol, selbst wenn der Intellekt dies in seiner Dumpfheit nur langsam verstehen kann.

Seite 64/65
In jedem Aspekt der Natur steckt ein zyklisches Drama – und alle Teile dieses Dramas sind bloß Stufen auf dem Weg –, ob unsere Perspektive zur Wahrnehmung dieser Vision weit genug ist oder nicht. Die Wirklichkeit ist dynamisch und unterliegt vielen Kräften, die sie weitertreiben, und vor allem anderen sucht sie immer das Gleichgewicht. Dieses Drama wurde von den Griechen als *hybris* und *nemesis* bezeichnet, von den Hindus als das Gesetz des Karma. Es steckt darin die gleiche Wahrheit: Dass Arroganz, Aufregung und Beherrschung nicht die höchsten Wege der Natur sind und schließlich ihren Ausgleich finden werden.

Seite 66/67
Das ängstliche Bemühen und Ringen um irgendein erwünschtes Ergebnis steht sich selbst im Wege. Geduld und Vertrauen, indem es die Dinge durch beständiges und konstruktives Arbeiten spielend nimmt, führt am wahrscheinlichsten zu guten Ergebnissen. Zielloses Sorgen hilft gewiss nicht – eine einfache Lehre, die im Sturm der Ängste und des Stress so leicht in Vergessenheit gerät.

Materialismus

Seite 70/71
Jede traditionelle Kultur betrachtet die Großzügigkeit als einen Schlüssel zum Leben in Fülle. Wahrer Reichtum liegt im Reichtum der Erfahrung, einem Gefühl für die organische Verbundenheit des Lebens. Die Besessenheit unserer Kultur von »Dingen« fördert eine dramatische Verschwendung. Selbst gute und wohlwollende Menschen sind häufig in die Illusion des Ansammelns verstrickt. Wie können Gegenstände eine solche Macht ausüben? – Nur, wenn wir auf der oberflächlichsten Ebene leben. Jede tiefere Erfahrung hingegen, sei sie froh oder tragisch, stellt die Illusion bloß.

Seite 72/73
Wie kann ein Mensch, der von Banalitäten absorbiert ist, einen Charakter aufbauen und sich auf die wirklichen Werte ausrichten? Reichtum und weltlicher Status täuschen uns mit der Vorstellung, wir hätten unsere Aufgabe erfüllt, und vermindern die Wahrscheinlichkeit, dass uns unser Fehlverhalten auch nur auffällt, bis unsere Misere sehr ernsthaft wird. Man kann nicht zwei Pfade zugleich beschreiten – man kann nur im lebendigen Geist oder in der gefallenen Materie leben.

Seite 74/75
Die Suche nach Erfüllung durch die Ansammlung toter Gegenstände weist auf eine tote Seele hin. Die Würde der Seele wird degradiert, wenn wir

uns von materiellen Gegenständen absorbieren lassen und unseren Status darauf gründen. Warum entscheidest du dich für das Vulgäre? – Erwache für das Lebendige.

Seite 76/77
Die Schätze des Charakters sprechen für sich selbst. Sie tragen einen Lohn in, durch und jenseits der natürlichen Welt.

Seite 78/79
Das Juwel, der Schatz, ist eine Qualität unseres Herzens. Halte es unschuldig, sanft, einfach und weise. Wie könnte hartes Metall, schwerer Stoff oder lebloser Stein damit verglichen werden?

Seite 80/81
Eine auf Ausbeutung aufbauende korrupte Gesellschaft verstärkt und vervielfacht all die Ignoranz, Kleinlichkeit und Selbstsucht des individuellen Herzens. Ihre Konventionen, Sitten und Haltungen stehen meist gegen das natürliche Gesetz, gegen Gottes Gesetz. Wie kann eine Gesellschaft mit ihrer engen kleingeistigen Vision eine Ahnung wahrer Gerechtigkeit haben, einer Gerechtigkeit, die erfüllt, statt zu nehmen? Nur ein Mensch, der geläutert ist vom Mammon und der Heuchelei der Gesellschaft, kann eine höhere Vision erhalten.

Seite 82/83
Im materiellen Reichtum liegt keine geistige Sicherheit. Günstigstenfalls kann er ein Kissen sein, ist häufiger jedoch eine Last oder eine Hypothek. Wahre Sicherheit, die Qualität des Charakters, ist nicht so flüchtig oder grob. Alles Lebendige ist unendlich wertvoller als alles Unlebendige.

Bescheidenheit

Seite 86/87
Bescheidenheit ist das Zeichen wahrer Größe. Groß zu sein bedeutet, unauffällig und bescheiden zu bleiben – sich nicht um Rang und Anerkennung zu bemühen, sondern nur die Wahrheit zu suchen. Eine große Seele entfaltet sich einfach und harmlos – durch Helfen, Nähren und Erschaffen – ohne einen Gedanken an Selbstdarstellung, sondern als ein bloßer Ausdruck der Tugend.

Seite 88/89
Angeberei und Eigenlob dauern nicht an – die Menschen verlieren damit die Geduld. Ohne Anmaßung, Arroganz, Künstlichkeit und Täuschung ist ein einfacher und schlichter Charakter das Zeichen eines edlen Wesens. Die Echten werden schließlich im Ansehen aufsteigen, sowohl in den Augen der Menschen als auch Gottes.

Seite 90/91
Die eigene Wichtigkeit aufzuplustern, ist Ignoranz der übelsten Sorte. Das Verlangen nach Überlegenheit beruht gewöhnlich nicht auf einer gesunden Grundlage. Wer einem solchen Kurs folgt, wird gewöhnlich von Eigensucht und Einbildung vergiftet. Die Suche nach Status und Prestige weist auf einen flachen, unerleuchteten Charakter hin, der wenig Sinn für das Wertvolle hat.

Seite 92/93
Sanftmut ist der Schlüssel zur Ewigkeit, wie auch die Krone der Gerechtigkeit. Es ist eine Realität in der Struktur der Natur selbst, dass alle Dinge in Ordnung kommen, dass alle Verheißungen erfüllt werden und dass alle Güte ausgeglichen wird. Und Sanftmut ist die größte Güte.

Seite 94/95
Jesus heilte die Kranken und ermutigte die Armen, doch versuchte er dabei immer so unauffällig wie möglich zu bleiben. Es war ihm wichtig, in der Welt zu handeln, um Elend zu erleichtern und Hoffnung zu verbreiten, doch wusste er, dass Ruhm Widerstand hervorrufen und seine Bemühungen gefährden würde. Ohne jemals davon gehört haben zu können, war er gleichsam beispielhaft für die Forderungen des Lao-Tse. Er hat Ruhm und Ehre geschmeckt, suchte jedoch Zuflucht an einsamen Orten, um sich von der Wahrheit zu nähren. Aus ihr zog er seine Kraft.

Seite 96/97
Wasser, die beweglichste Substanz, kann dennoch einen Kanal durch harten Fels treiben. Wie Wasser sucht die natürliche Gerechtigkeit ihren Ausgleich. Alles Widernatürliche wird ausgeglichen werden. Die Kräfte des Universums sind leuchtend und werden die dunkleren Kräfte der Erde überwinden. Die kosmischen Kräfte wandeln und stellen im großen Plan das Gleichgewicht wieder her, weil Gerechtigkeit ihnen innewohnt.

Seite 98/99
Jesus ging es nur um Heilung, nicht um Selbstverherrlichung. Er stellte sich nicht heraus, sondern gab sich vielmehr Mühe, unbekannt zu bleiben. Dennoch wuchs sein Ruhm, weil er längst jeden Gedanken an sein Ego hinter sich gelassen hatte. Lao-Tse hätte diese Methode begrüßt.

Seite 100/101
Jesus sprach eine Menge, doch niemals mehr als nötig. Ebenso sparsam war Lao-Tse mit seinen Worten und schrieb sie nur als einen Gefallen für einen Grenzposten nieder, weshalb wir von seiner Weisheit wissen. Diejenigen, die sich aber als Autoritäten aufspielen, um sich damit wichtig zu fühlen, nützen niemandem. Selbst wenn ihre Motive zum Teil wohlwollender Art sind, gerät ihre Botschaft durcheinander.

Seite 102/103
Um geduldig genug das eigene Talent reifen zu lassen, braucht man ein bestimmtes Maß an Be-

scheidenheit. Denn dazu kann man nicht drängen. Die verborgenen Jahre Jesu sind ein gutes Beispiel dafür. Wie auch immer er sie verbrachte, so waren sie für ihn eine Zeit der Vorbereitung und Entfaltung. Vorherrschaft und Aufmerksamkeit zu verlangen, bevor man bereit ist, ist töricht. Man sollte sein Schicksal nicht zu erfüllen suchen, bevor es reif geworden ist.

Liebe

Seite 106/107
Du und die Welt wohnen ineinander. Löse die Grenze auf und lasse das Licht heraus- und dann wieder hereinfließen. Wende die mystische Vision nach außen, zurück in die Welt. Ein aufrechtes Herz wird sich in der Welt entfalten.

Seite 108/109
Liebe ist das letzte Wort im Gesetz der Natur. Alle Dinge verneigen sich vor ihr, und in ihrer Gegenwart verschwinden alle weltlichen Vorhaben. Oberhalb und jenseits der Welt gibt es einen absoluten, bedingungslosen Geist der Annahme und Vollendung. Manche bezeichnen ihn als göttliche Liebe. Wir wissen, dass sie alles andere auslöscht.

Seite 110/111
Wenn wir in Gott ruhen, uns mit der Quelle unseres Daseins verbinden, werden gute Dinge zu Stande kommen. Vorrangig unter diesen ist die Liebe in

all ihren verschiedenen und erfüllenden Gestalten. Dies ist das ewige Gesetz, das Hauptgebot. Liebe ist das Gesetz des Universums. In Gott zu ruhen oder zum Tao zurückzukehren bedeutet, den Sinn des menschlichen Daseins begriffen zu haben.

Seite 112/113
Tao oder Gott (die letzte Wirklichkeit) unterscheidet wenig zwischen den Menschen gemäß der Erfahrung der natürlichen Welt. Das mag wie Gleichgültigkeit erscheinen, lässt aber vielleicht einfach Raum dafür, dass die Dinge sich aus sich selbst heraus entfalten können. Die Gesetze der Gerechtigkeit und Barmherzigkeit finden ihr gerechtes Urteil im Inneren, ob sich das im Äußeren spiegelt oder nicht.

Seite 114/115
Auch wenn wir an jeder Ecke unseres Alltagslebens aufgefordert sind, Urteile über Menschen abzugeben, sagt uns die höhere Wahrheit doch, dass solches töricht ist. Was könnte von all den Dingen, die in dieser Welt bekannt sind, ungewisser sein, als der innere Charakter oder der wichtigste Anteil eines Menschen am Leben? Unbefangenheit, Toleranz und Annahme erweisen sich als die besseren Mittel als hartes moralisches Urteil.

Seite 116/117
Das stille Wirken des Naturgesetzes ist wertvoller für die Beseitigung von Missständen als fehlbare Menschen und eine korrupte Gesellschaft. Was wir den Ausgestoßenen antun, tun wir auch uns selbst an.

Alle schlechten Gefühle wenden sich wieder zurück. Bestrafe jemanden, und du bestrafst dich selbst. Unnötige und unbegründete Barmherzigkeit jedoch ist leichtfertig und nicht im Einklang mit dem Naturgesetz.

Seite 118/119

Sich von Konfrontationen abzuwenden, ist der weise Weg eines sicheren Menschen. Konflikt und Kampf verletzen den Geist, im Sieg ebenso wie in der Niederlage. In den meisten Konfrontationen ist es möglich, den Konflikt zu vermeiden; und dabei geht nur ein falsches Ego zu Bruch. Größere Stärke liegt im Widerstehen gegenüber der Versuchung, einen Feind zu zerstören. Auch ohne unser Eingreifen wird sich in den meisten Fällen die kosmische Gerechtigkeit durchsetzen.

Seite 120/121

In unseren alltäglichen Begegnungen weisen wir geschmacklose Menschen ständig zurück. Das ist eine Frage unseres Überlebens und muss vielleicht so sein. Aber unterscheiden andere sich von uns wirklich so sehr? Wer hat keine schlechte Seite? Und es gibt wenige ohne eine gute Seite. Weise das Üble zurück, aber verweile beim Positiven.

Seite 122/123

Wenn wir über die Welt hinausschauen, löst sich Feindseligkeit auf, sogar die am meisten gerechtfertigt scheinende. Auch wenn die Menschen abscheulich erscheinen, wer kann ihre verborgenen Motive erkennen? Wenn wir Menschen ablehnen, auch wenn dies leicht erscheint, verhärten wir uns selbst. Je größer unser Überblick, umso geringer die Vorurteile.

Seite 124/125
Jesus lehrte, dass auf wahre Reue Vergebung folgen muss. Auf diese Weise werden zwei Herzen geheilt. Und Lao-Tse übermittelte uns einen ähnlichen Gedanken: Der Himmel ist in der Tat unparteiisch, indem er aufseiten des guten Menschen ist, der bereut, und auch des guten Menschen, der vergibt.

Seite 126/127
Christus betrachtet seine Jünger als Kinder, als seine Familie – seine wahren Geschwister. Der schweigende Weise spricht mit seinem Herzen und webt ein Band der Fürsorge unter seinen Anhängern. Auf diese Weise erweitert sich der innere Kreis, um alle in seinen guten Willen einzuschließen.

Heuchelei

Seite 130/131
Diejenigen, die aus sozialen Privilegien und ihrem Prestige Vorteil ziehen, sind ein verabscheuungswürdiger Haufen, weil sie ihre Stellung auf die eine oder andere Weise durch Ausbeutung anderer gewinnen. Sie halten sich irgendwie zu einer solchen Lebensweise für berechtigt, für überlegen anderen gegenüber, die keine starken Ellbogen haben und

nicht die soziale Leiter hinaufklettern wollen. Ein weiser Mensch lässt sich von ihrem Rang und den äußeren Täuschungen nicht beeinflussen. Ihre Selbstsucht und hemmungslose Eingebildetheit bezeichnet sie vielmehr als Gegenstände des Abscheus, sodass er sich entscheidet, nichts mit ihnen zu tun zu haben.

Seite 132/133

Diejenigen, deren Verstand legalistisch, rationalistisch oder technisch ausgerichtet ist, sind häufig in tiefer Ignoranz verfangen, unabhängig davon, wie intelligent oder wissend sie erscheinen mögen. Gewöhnlich glauben sie an nichts außerhalb der Welt der Erscheinungen. Spirituelle Bemühungen haben für sie keinen Nutzen und sie tun sie als illusionär oder geistesschwach ab. Die Gesellschaft gibt solchen Menschen einen hohen Wert und belohnt sie großzügig, doch wo sind ihre Seelen? Tatsächlich scheinen sie gar keine zu haben. Sie schätzen den Lehrer der ewigen Wahrheiten nicht und gehen so in die Irre.

Seite 134/135

Wenn die Gesellschaft völlig korrupt und spirituell am Ende ist, landet sie in der Gruft des Rituals. Die Toten verehren die Toten. Wahre Geistesbewegung kann niemals durch Riten zu Stande kommen. Sie ist weder durch Bestechung noch durch Erpressung zu haben. Spontan muss sie aus einem aufrechten Herzen entstehen. Dadurch offenbaren Riten und Zeremonien sich als Täuschungen – als Feind des Sinnes. In seiner Besessenheit von Künstlichem macht der Mensch eine Parodie aus allem Natürlichen und Wahren.

Seite 136/137
Betrug ist der Handlanger der Gesellschaft. Diejenigen, die auf gesellschaftliche Konventionen, Legalismus und Riten setzen, fügen ihrer geistigen Abgestorbenheit häufig noch die Krone der Heuchelei hinzu. Ihre flachen und selbstgefälligen Attitüden verspotten die ursprüngliche Vision ihrer Überlieferung. Von Herz und Seele abgeschnitten verfallen sie allen Arten der sozialen Laster. Wo einst Einsicht und Weisheit blühten, stehen jetzt Gerissenheit und Schläue.

Seite 138/139
Die Hüter der Konvention versuchen immer, das menschliche Verhalten zu regeln. Und der Leim, mit dem sie die Gesellschaft zusammenzuhalten versuchen, ist die Falschheit. Sie machen gern ausführliche Regeln für das Angemessene und konstruieren komplexe soziale Gesetze. Wenn aber echte und spontane Impulse ständig gebremst werden, folgen daraus soziale Zusammenbrüche. Also versuchen sie, nur noch mehr künstlich zu regeln, statt die inneren Tugenden zu pflegen.

Seite 140/141
Die Führer der Gesellschaft kleiden sich in die Pracht ihres Ego. Sie sind ganz von sich selbst erfüllt. In die »Tradition« eingehüllt, starrend von Reichtum und »Ehre«, haben sie in ihrer Sucht nach Privilegien alle Tugend aus den Augen verlo-

ren. Dadurch erniedrigen sie ihr eigenes Wesen. Und indem sie die Gleichheit der Menschen verspotten, beleidigen sie Gott. In ihrer ganzen Aufmachung erscheinen sie als besonders, aber dies ist nur eine seichte Täuschung. Innerlich sind sie von einer abstoßenden Krankheit zerfressen.

Gewalt

Seite 144/145
Sowohl Lao-Tse als auch Jesus verabscheuten die Gewalt. Wahrscheinlich lehnten sie Krieg absolut ab. Sie verwendeten andere Waffen, um Geist und Herz ihrer Zuhörer zu gewinnen.

Seite 146/147
Lao-Tse und Jesus lehnten jede Form von Gewalt ab – psychische sowohl als physische. Beide forderten die Gesellschaft zu dem Versuch auf, das autoritäre Modell abzuschaffen. Sie wagten es, wirkliche Freiheit und Gleichheit anzustreben – ohne weiteren Zwang und ohne anderen weiter den Willen aufzudrängen. Schließlich kann es kaum eine spirituelle Praktik sein, anderen den eigenen Willen aufzuzwingen.

Seite 148/149
Es sollte keine Freude an der Macht um der Macht willen geben. Denn dies führt in den Schattenbereich, wo das Unmoralische in das »Antimoralische« übergeht. Der Rausch des Sieges kann groß

sein, sogar im Namen der Tugend. Lao-Tse sprach über tatsächlichen Krieg und Jesus über einen geistigen Feldzug. Aber die Bedeutung bleibt die gleiche. Es mag gut sein, Freude am Triumph des Guten zu haben, doch sollten die Kosten nie vergessen werden. Lasst euch vom Rufe des Sieges nicht versuchen – sonst rutscht ihr leicht auf die Seite der dunkleren Engel.

Seite 150/151
Friede ist der Weg der Natur, des Wirkens des Tao in einer größeren Vision. Obwohl es in der Natur Konflikt gibt, existiert dieser doch nur in einer größeren Sphäre der Kooperation. Friede ist das vorherrschende Motiv. Katastrophen und Umwälzungen jeglicher Art sind eine Anomalie, außergewöhnliche Ereignisse. Eine künstliche Katastrophe durch eine bewaffnete Macht ist der größte Fehler, weil er zu den schlimmsten Folgen führt, die nur über Generationen verheilen. Dem Weg des Friedens zu folgen bedeutet, ein Kind des Tao zu sein, von Gott gesegnet.

Seite 152/153
Gewalt ist in sich symmetrisch. Und meistens bewahrheitet sich das Gesetz von Ursache und Wirkung. Gewalttätigkeit als Lebensweise erfüllt sich auch als die Art des Todes.

Weisheit

Seite 156/157

Im Universum wirkt ein System der Harmonie und Hierarchie. Die Lebenskraft durchpulst alles und verbindet alles. Es gibt immer ein Vorbild natürlichen, vollkommenen Daseins, das uns so nahe ist wie irgendein Teil der Natur. Wir brauchen uns nur darauf einzustimmen, um an seiner Vollkommenheit teilhaben zu können.

Seite 158/159

Dies ist ein praktischer Test zu entscheiden, was wahr und wohlwollend ist. Manchmal ist das nicht leicht zu sagen. Wir können aber vom Ursprung einer Sache her eine gute Vorstellung seines Wesens gewinnen. Wie Jesus uns zeigt, können wir die Absichten der Menschen aus ihren Handlungen erschließen. Manche Leute sagen all die richtigen Dinge, folgen ihnen aber nicht. Manche führen nicht so großartige Reden, tun aber niemandem etwas zu Leide. Überzeugung und Handlung – wohlwollend oder übel wollend – gehen oft Hand in Hand. Oft aber auch nicht. Wir müssen die Wirklichkeit hinter der Erscheinung unterscheiden lernen.

Seite 160/161

Wer hat eine wirklich befriedigende Antwort auf die Tragik, das Leid und das Böse? Wir können manche Dinge annehmen, Theorien über andere ausspinnen, uns an Intuitionen halten oder uns an den Glauben klammern. Gelegentlich mögen wir einen kleinen Blick der Erleuchtung oder eine Offenbarungserfahrung machen. Es gibt aber vieles, was wir auf dieser irdischen Ebene nicht erkennen können – es liegt einfach jenseits unseres Verständnisvermögens. Dafür lassen diese beiden großen Traditionen, der Taoismus und das Christentum, einen Raum.

Seite 162/163
Der »süße« Jesus war nicht süß! Und auch nicht Lao-Tse, der sanfte taoistische Weise. Und natürlich auch nicht das Leben selbst. Im Dienste der Wahrheit wird manchmal die Empfindsamkeit fortgewischt. Eine höhere Vision mag herzlos erscheinen, weil schwierige Arbeit erledigt werden muss. Die Suche nach der Wahrheit ist manchmal fordernd, eine schwer zu befahrende Strecke, erfüllt von Hindernissen und Beschränkungen, die zu überwinden sind. Das kann durchaus zu einem gebrochenen Herzen führen. Eine gewisse Härte, sogar eisige Abgehobenheit sind nötig, um diese Welt zu durchqueren, den Tiegel der Wahrheit.

Seite 164/165
Jesus beschäftigte sich mehr mit dem Bösen als Lao-Tse, der dieses Thema ambivalenter beschrieb. Aber auch Lao-Tse erkannte an, dass mit dem Vergessen des Tao das Böse überhand nimmt und dass das Böse seine Kraft verliert, wenn man sich ans Tao erinnert. In seinen Heilungen nahm Jesus das »Böse« des quälenden Krankheitsdämons auf sich. Jesus verband sich dann mit der Tugend und tadelte den Dämon, bannte seine Macht und hinderte ihn

daran, weiteren Schaden anzurichten. So half er, Gott oder das Tao in der Welt wieder zu erinnern.

Seite 166/167
Von Wert ist nur eine Lehre, die von innen nach außen herausscheint, um Weisung zu geben. Um Tugend zu lehren, sei tugendhaft. Um Mut zu inspirieren, sei mutig. Um Vertrauen zu fördern, habe Vertrauen. Ein Heiler, der seinen eigenen Körper missachtet, verkümmert in seinen Fähigkeiten. Ein Lehrer, der seinen Gegenstand nicht liebt, ist wie ein zerbrochenes Gefäß. Ein Prediger, der seine eigene Weisheit ignoriert, ist ein Sack voll Stroh. Wenn du den Mund sprechen lässt, achte darauf, dass er vom Herzen genährt wird.

Seite 168/169
Der Aufbau des Charakters ist die edelste aller Bemühungen. Die höchste Herausforderung des Lebens sollte darin bestehen, Fehler zu überwinden und das Wachstum durch die Weisheit zu fördern. Die Beherrschung der Außenwelt, sei es nun im sozialen, politischen oder wirtschaftlichen Bereich, ist eine grobe Verzerrung dieser inneren Suche.

Seite 170/171
Der vor Pilatus stehende Jesus stellt ein sehr dramatisches Beispiel für das *Wu-Wei* dar, das taoistische Konzept des Nichthandelns. Der passive Jesus, Beispiel der Sanftheit, wird von dem harten Gouverneur befragt und von den verächtlichen Ältesten angeklagt. Er handelte nicht, um sich selbst zu schützen, und lehrte an dieser Stelle wortlos. Viel-

leicht musste Jesus einfach für den großen Plan der Dinge sterben. Oder vielleicht war es sinnlos, zu diesem Zeitpunkt sein eigenes Leben zu retten. Denn er wusste, dass für diese gefallene, hartherzige Welt ein viel größerer Triumph folgen würde: die Auferstehung, die Verbreitung der guten Botschaft und der Tag des göttlichen Gerichts. Das Weichste überwindet das Härteste.

Seite 172/173
Im Trost und im Frieden der Wahrheit sollst du ruhen. Die Menschen werden von denjenigen angezogen, die sich vom Einen angezogen fühlen. Derartige Menschen hat es unter den Heiligen und Weisen des Ostens und des Westens im Laufe der Jahrhunderte eine Reihe gegeben. Einige von ihnen sind geschichtlich bekannt, viele andere blieben unbekannt. Die größten Lichter des Ostens nennen wir Krishna, Buddha, Lao-Tse. Das größte Licht des Westens nennen wir Christus.

Seite 174/175
Lao-Tse wies den Weg zu einem in Harmonie mit der Natur geführten Leben, ein Leben voll Einfachheit und Wahrhaftigkeit. Es ist ein breiter Pfad und leicht zu beschreiten. Im Westen lehrte Jesus durch sein Beispiel und verkörperte ein solches Leben. Deshalb sagt das Johannes-Evangelium, er sei der Weg, die Wahrheit und das Leben. Sollte es tatsächlich schwieriger sein, dem wahren Weg zu folgen, als sich von den niederen Pfaden ablenken zu lassen?

Seite 176/177
Diejenigen, deren Vision die Welt übersteigt, fühlen sich in ihr häufig deplatziert. Die Welt ist nicht ihre wahre Heimat. Sie empfinden sie als ein Exil, als eine Läuterungsstätte, ein Fegefeuer, und deshalb haben sie Heimweh und verbringen ihr Leben einsam. Sie leben außerhalb des Banalen und sind deshalb vom Trost des Dazugehörens ausgeschlossen. Wir sollten ihnen ihr gelegentliches Selbstmitleid gönnen.

Seite 178/179
Wir sind begrenzte, eingeschränkte Wesen. Deshalb fällt es uns schwer, irgendetwas Unbegrenztes, Schrankenloses zu begreifen. Wenn wir uns aber auf die Gaben der Intuition, der Vorstellungskraft und des Glaubens stützen, können wir eine Ahnung von etwas bekommen, was außerhalb unseres umschriebenen Bewusstseins liegt und worauf unsere Begrenzungen nicht anwendbar sind. Was für unseren erdgebundenen Verstand außerhalb des Möglichen erscheint, ist deshalb wie nichts für den unbegrenzten Geist, den wir als Gott oder Tao bezeichnen.

Seite 180/181
Zu starkes Beschäftigen mit sich selbst erweist sich als kontraproduktiv. Eine Befangenheit mit sich selbst bezüglich des Körpers oder des Geistes behindert die Spontaneität, welche dafür sorgt, dass die Dinge glatt und natürlich ablaufen. Wenn wir den Impulsen eines unverdorbenen Herzens folgen, werden alle anderen Sorgen und Nöte verblassen.

Seite 182/183
Durchhaltevermögen und Übersicht sind universelle Tugenden, universelle Wahrheiten. Deshalb ist es nicht erstaunlich, dass Lao-Tse und Jesus beide auf ihre je eigene Weise darüber sprechen. Selbst eine an sich entmutigende Aufgabe muss man mit einer einzigen, anfänglichen Anstrengung angehen. Von da aus können wir weiter aufbauen. Ganz gleich, welchen Rückschlägen und Härten wir uns gegenübersehen, müssen wir doch der Versuchung widerstehen aufzugeben. Erlösung ist die größte menschliche Aufgabe. Sie kann zu einem intensiven Ringen werden, voller Schmerz und Ablehnung, ein Überwinden vieler Hindernisse. Oder sie verläuft unter günstigeren Umständen viel leichter. Und am wahrscheinlichsten ist sie eine Mischung aus beidem. Was auch immer unsere Bestimmung ist, wir müssen ihr bis zu ihrem natürlichen Ende folgen.

Mystik

Seite 186/187
In diesen Textstellen wird auf die Quelle des Universums in ihrer weiblichen oder nährenden Seite Bezug genommen. Die »Urmutter der zahllosen Dinge« des Lao-Tse und der Logos oder das Wort des Johannes (welches als der Christus inkarnierte) rufen den sanften Aspekt des Urmysteriums wach: Es ist die göttliche, überpersönliche Liebe, die nicht differenzierbar ist, weil sie dadurch zerstü-

ckelt und vermindert würde; doch ist es ewig, unveränderlich, unaussprechlich und unerkennbar – ein dynamisches Mysterium, aus welchem alles andere Sein hervorgeht.

Seite 188/189
Tao ist ein hierarchisches Konzept mit verschiedenen Dimensionen der Manifestation. Das kosmische Tao entspricht in etwa dem Vatergott der christlichen Vorstellung – fern, unerkennbar, unzugänglich – während Te, das beseelende Prinzip, welches alles Leben durchzieht, alle Bewegung formt, dem Sohn entspricht, der Inkarnation des kosmischen Mysteriums, das in der natürlichen Welt Gestalt angenommen hat. Als solches ist Te, oder der Sohn, leichter begreifbar, da es näher an unserer Erfahrung ist. Der Vater ist die ferne Quelle von allem, wird aber kanalisiert durch den Sohn, durch den die Welt ins Dasein getreten ist.

Seite 190/191
An der Schnittstelle von Anfang und Ende, von Zeit und Zeitlosigkeit, kehrt Te zum Tao zurück, kehrt der Sohn zum Vater zurück. Die weltliche Wahrnehmung vernebelt sich, Unterscheidungen werden verwischt, und die Quelle und ihre Manifestationen offenbaren sich als eins.

Seite 192/193
Die natürliche Welt, die herzerfreuende Schönheit der Schöpfung, kann wie ein Fenster sein, welches uns einen Blick auf Gott werfen lässt. Wir können

etwas vom Vater erkennen durch die Schönheit seines Werkes und Entwurfes. Denn auf gewisser Ebene gilt, was der Dichter Keats sagte: Wahrheit ist Schönheit und Schönheit ist Wahrheit.

Seite 194/195
In der Mitte des Wandels und der wirbelnden Kreise verändert sich das Herz des Seins nicht. Wie es Einheit hinter der Vielfalt gibt, so gibt es auch Unveränderlichkeit hinter dem Fluss. Die Natur wandelt sich für immer, aber ihre Gesetze sind ewig. Es gibt eine Stille im Herzen des Sturms.

Seite 196/197
Macht muss sich nicht aufspielen. Die meiste Zeit hindurch wirkt die Natur still und ruhig, jedoch stets sehr machtvoll. Jesus selbst glich einer Naturkraft, meistens still und ruhig; während eines Sturmes schlief er sogar. Doch war die Kraft, die er aufrufen konnte, ausreichend um einen tobenden Sturm und die Ängste seiner Jünger zu beruhigen; weshalb sie sich fragten, wer dieser sei, der über den Sturm gebietet.

Seite 198/199
Die höchste Weisheit liegt darin, manche Dinge dem Geheimnis zu überlassen. Und das Wesen der Wirklichkeit ist das größte Geheimnis. Wisse, was du wissen kannst; behaupte aber nicht mehr, als du wissen kannst. Achte das Geheimnis und schmecke seine subtile Wahrheit. Es ist zu lebendig, um es auf Kategorien zu reduzieren: Wie Quecksilber ist es nirgendwo festzumachen. Es ist etwas zu Großes,

um es zu besitzen. Nur ein Narr oder ein Lügner würde das versuchen.

Seite 200/201
Schüttle einen Krug Wasser, und er wird nach aller Aufgewühltheit wieder zur Ruhe zurückkehren. Die Natur der Dinge gleicht einem dynamischen Tanz. Alles schreitet auf rhythmische Weise fort. Und innerhalb dieser Rhythmen gibt es Gezeiten und Zyklen. Alles Existierende ist lebendig und im Fluss, von der Musik der Sphären bis zur Musik unserer eigenen Gefühle. Lerne zu dieser Musik zu tanzen, Musik und Bewegung einander anzupassen, und du wirst einen großen Teil des Lebens gemeistert haben.

Seite 202/203
Das unwiderstehliche Bild des Fischens. Der Punkt im taoistischen Text ist, dass sich schließlich alle Dinge ausgleichen werden, dass dem Himmel nichts fehlt – wie unwahrscheinlich dies erscheinen mag, so wie das Fischen mit weiten Maschen. Ein ähnliches Drama spielt sich zwischen Jesus und seinen Jüngern ab. Jesus wirft sein Netz weit und fängt damit zwei bescheidene, nicht sehr viel versprechende Fischer als seine ersten Jünger. Und gegen alle Wahrscheinlichkeiten entwickeln sie sich zu verehrten Heiligen. Die Maschen des Himmels sind in der Tat weit!

Seite 204/205
Wenn du zur Quelle zurückkehrst, durchdringt ein Gefühl der Einheit und der Ganzheit deine Seele. Das große Tao fließt überall – in dir und außerhalb von dir – und das Gottesreich tut es ebenfalls. Wenn du im Tao fließt oder wenn das Gottesreich in deinem Herzen Fuß fasst, verschmelzen Gott und Welt.

Leiden und Unsterblichkeit

Seite 208/209
Eine der großen Fragen des Lebens ist, ob es eine ewige Dimension des menschlichen Wesens gibt oder nicht. Lao-Tse und Jesus lehrten beide, dass es sie gibt. Ob wir sie nun als Seele, als Geist, als Bewusstsein oder gar als Energie bezeichnen, für intuitive Menschen scheint es fast evident zu sein, dass es einen Teil in uns gibt, der dem Tode nicht unterliegt. Geist und Körper sind im Leben vermählt, trennen sich aber im Tode.

Seite 210/211
Geistige Kraft manifestiert sich in der Welt häufig als die Fähigkeit, Gefahr zu transzendieren. Manchmal bedeutet geistige Kraft einfach, die materielle Welt und ihre Übel zu transzendieren, indem man den todlosen Teil unseres Selbst entwickelt.

Seite 212/213
Das Leben in der materiellen Welt ist oft hart – warum sollten wir die Erlösung davon fürchten? Vielleicht ist ein Grund für die Gegenwart des Bösen und des Leids in der Welt der, dass es uns so leichter gemacht wird, sie wieder zu verlassen. Zu sehr am Körper anzuhaften, wäre nicht gut: Das ist eine andere Form des Materialismus. Darin liegt ein feiner Balanceakt: Das Leben zu lieben und zu bejahen, dennoch aber zu wissen, dass seine weltlichen Ziele letztlich von geringer Bedeutung sind. Das innere Leben – die Welt ohne Ende – sollte unsere Hauptsorge darstellen.

Seite 214/215
Empfindsame, sanfte und arglose Menschen haben es in der Welt oft schwer. Die Welt scheint sie nicht besonders zu schätzen. Schlimmstenfalls werden sie ziemlich fertig gemacht. Das ist aber nicht ungedingt das Ende der Geschichte. Mit den richtigen Hilfsmitteln können spirituelle Menschen die Welt auch überwinden – während sie noch in ihr leben oder auch jenseits von ihr.

Seite 216/217
Die Hauptlehren der Sanftheit, Bescheidenheit und Wahrhaftigkeit sollten so schwer nicht zu leben sein. Spontan sollten sie aus einem unschuldigen und wohlwollenden Gemüt auftauchen. Und doch sind solche Tugenden außergewöhnlich selten in der Welt. Die Weisen haben ihr Zeugnis abgegeben und sind Vorbild gewesen, und doch hat man ihren Lehren weitgehend nur Lippenbekenntnisse

gezollt, während die Zivilisationen ihren eigenen Plänen der Ausbeutung und des Konsums gefolgt sind. Warum ist das so? – Es scheint etwas falsch zu laufen in der Welt, sie ist wirklich eine Gefallene. Wir müssen aber nicht mit ihr fallen. Folge den Meistern durch sie hindurch und in ein Jenseits von ihr.

Seite 218/219
Lao-Tses Weg und Jesu Weg sind einfach und ähnlich. Und doch neigen nur sehr wenige Menschen dazu, ihnen zu folgen. Deshalb gilt das Tor als eng und Lao-Tse als »vornehm«, als sehr selten zu durchschreiten. Der Weg müsste nicht so eng oder einsam sein. Es liegt nur daran, dass so viele Menschen an einem niedrigen Bewusstseinszustand festhalten. Sie versuchen sich nicht aus den Klauen eines Lebens in Ignoranz zu befreien. Sei keiner von ihnen.

Seite 220/221
Die Tragödie der Unschuldigen scheint ein Drama zu sein, welches dem Wesen des Lebens selbst innewohnt. Die Welt wirkt häufig wie ein Schmelztiegel. Weisheit und Tugend werden missverstanden, verachtet und verleumdet. Dennoch aber kann sich innerhalb dieser Tragödie göttliche Bedeutung offenbaren. Würde, Stärke und Vision werden die Prüfungen überstehen. Das ist die Sendung der Größe: die darüber hinaus weisende Verheißung, ihre Erfüllung.

Bemerkungen zur Übersetzung

Die Zitate des Neuen Testamentes wurden entnommen dem »Neuen Testament« von Fridolin Stier, München/Düsseldorf 1989, Kösel-Verlag/Patmos Verlag. In wenigen Fällen wurden grammatische Eigenheiten korrigiert.

Die Zitate des Alten Testamentes sowie das Zitat Johannes 1,1 wurden der Einheitsübersetzung entnommen.

Die Zitate des Tao-Te-Ching wurden entnommen der Übertragung des »Tao-te-king« von Ernst Schwarz, München 1995, Kösel-Verlag.

Die Zitate des Tao-Te-Ching wurden in der Schreibweise insofern verändert, als Schwarz durchgängig Kleinschreibung verwendet, die aber im Zusammenhang dieses Buches die Lesbarkeit und ohnehin oft schwere Verständlichkeit stark beeinträchtigt hätte.

Außerdem wurde statt Dau wie allgemein üblich »Tao« und statt De »Te« geschrieben. Allerdings möchten wir mit Schwarz darauf hinweisen, dass die Aussprache des »Tao-Te-Ching« viel eher klingt wie: Dau Dä Dsching.

Einzelne Textstellen aus dem Tao-Te-Ching sind etwas länger gehalten als im englischen Original dieses Buches, weil die Stellen in der deutschen Übertragung so nicht verständlich gewesen wären.

Zum Gebrauch des Wortes »Tao« (= Dau) im Chinesischen macht Schwarz in seiner Einführung sehr interessante Bemerkungen (S. 10): »Ferner steht Dau im Dau-De-Dsching und anderen alten Werken oft im Sinn von ›sprechen‹, ›sagen‹, ›nennen‹, und diese Bedeutung hat sich durch die Jahrtausende bis heute erhalten.« Er erweist diese Bedeutung als die wohl ursprüngliche, zusammen mit der Bedeutung »Weg« und »gehen« (die chinesischen Wörter können sowohl Verb als auch Substantiv sein). Hieraus ergibt sich eine unmittelbare Nähe zum griechischen Logos-Begriff, welcher ebenfalls aus dem Wortfeld »sprechen« stammt und zur Bezeichnung der kosmischen Urquelle aufstieg. Dies soll hier nur insofern erwähnt werden, weil es die in der Einleitung von Aronson gemachten Überlegungen bekräftigt und ergänzt.